언포게터블
이탈리아 가정식
100

Copyright ⓒ 2015 by Giunti Editore S.p.A., Firenze-Milano
www.giunti.it

Korean language edition ⓒ 2017 by TURNING POINT ACADEMY
Korean translation rights arranged with Giunti Editore S.p.A.
through EntersKorea Co., Ltd., Seoul, Korea.

이 책의 한국어판 저작권은 (주)엔터스코리아를 통한 저작권사와의 독점 계약으로 터닝포인트가 소유합니다.
저작권법에 의하여 한국 내에서 보호를 받는 저작물이므로 무단전재와 무단복제를 금합니다.

UNFORKETABLE. IT
La cucina italiana di Niko Romito a casa tua

언포케테이블은 가로팔로Garofalo와 니코 로미토Niko Romito의 파스타 프로젝트입니다.

글과 이미지 마니 에 마테리아 사Mani e Materia srl, 니코 로미토Niko Romito
감수 엘리시아 멘두니Elisia Menduni
그래픽 디자인과 페이지 레이아웃 로렌조 파치니Lorenzo Pacini, 아드리아노 나르디Adriano Nardi
편수와 편집 사라 베티넬리Sara Bettinelli, 베로니카 펠레그리니Veronica Pellegrini
영상 편집 레오나르도 오타비아니Leonardo Ottaviani
이미지 기술 교정 니콜라 디니Nicola Dini

언포케테이블은 마니에 마테리아 사Mani e Materia srl 소유의 등록 상표입니다.

책임 편집자 마르코 볼라스코Marco Bolasco

www.piattoforte.it / www.giunti.it

언포게터블
이탈리아 가정식
100

2017년 12월 11일 초판 1쇄 인쇄
2017년 12월 18일 초판 1쇄 발행

지은이 니코 로미토
옮긴이 김현주
감수 양지훈

펴낸이 정상석
기획·편집 엄진영
북디자인 여만엽
펴낸 곳 터닝포인트(www.turningpoint.co.kr)
등록번호 제2005-000285호
주소 (03991) 서울시 마포구 동교로27길 53 지남빌딩 308호
전화 (02) 332-7646
팩스 (02) 3142-7646
ISBN 979-11-6134-011-1 13590
정가 19,800원

내용 및 집필 문의 diamat@naver.com
터닝포인트는 삶에 긍정적인 변화를 가져오는 좋은 원고를 환영합니다.

이 도서의 국립중앙도서관 출판예정도서목록(CIP)은 서지정보유통지원시스템 홈페이지(http://seoji.nl.go.kr)와
국가자료공동목록시스템(http://www.nl.go.kr/kolisnet)에서 이용하실 수 있습니다.
(CIP제어번호: CIP2017027515)

언포게터블
이탈리아 가정식
100

니코로미토 지음
김현주 옮김 · 양지훈 감수

UNFORKETABLE.IT

사진으로
따라하면서 배우는
이탈리아 레시피

Italy home meal
recipe 100

서문 **요리의 필수 조건** 6

빵 18

브루스케타 루스티카 20
튀긴 빵과 토마토와 파르미지아노(파마산) 치즈 22
기본&기교 햄버거빵 24
구운 판자넬라와 토마토, 달걀 26
두 번 익힌 판제로토와 올리브, 모르타델라 28
스트라키노 치즈와 루콜라,
살시치아를 끼운 피아디나 30

야채 32

감자 크림과 달걀, 송로버섯 34
자르디니에라 인 아그로돌체 36
러시안 샐러드 38
기본&기교 마요네즈 40
페코리노 치즈와 주키니 호박, 민트로 만든 팔로테 42
속을 채운 감자, 파타타 리피에나 44
무청과 페코리노 치즈로 만든 폴페타 46
파르미지아노 소스를 넣은 주키니 플랜 48
근대와 셀러리, 사과를 넣은 스프 50
보리, 아티초크, 민트 스프 52
감자, 셀러리, 살시치아 소시지 스프 54

건파스타 & 생파스타 56

닭고기와 페코리노 치즈 소스 부카티니 58
카넬로니 60
기본&기교 베샤멜라 소스와 모르나이 소스 62
생토마토를 곁들인 화이트 소스
그라티나토 부팔라 카넬로니 64

육수에 담근 카펠레티 66
치커리, 봉골레 카바텔리 68
병아리콩, 로즈마리 말탈리아티 70
가벼운 토마토 라구 소스 말탈리아티 72
기본&기교 생파스타 74
카르보나라 메쩨 마니께 78
리코타 치즈와 토마토를 채운 파케로 80
파스타와 감자 82
가지와 짠맛 리코타, 바질 파스타 84
토마토, 올리브, 바질을 넣은 바칼라 라비올리 86
아마트리치아나 리가토니 88
아티초크 스키아포니 90
알리오, 올리오, 페페론치노, 콜리플라워 스파게티 92
키타라 카치오, 후추, 셀러리, 월계수 스파게티 94
치폴로토, 후추, 로즈마리 스파게티 96
빵과 안초비, 올리브, 케이프 스파게티 98
아스파라거스 라구 탈리아텔레 100

밥 & 뇨키 102

리코타와 브로콜리 뇨께티 104
세몰리노 고르곤졸라, 호두, 꿀 뇨키 106
오징어 뇨끼 108
주키니, 샤프란 뇨키 110
홍합, 감자 리소토 112
스캄피 리소토 114
밀라네제 리소토 116
주카 리소토 118
기본&기교 육수 120
살시치아, 샤프란, 파 육수 리소토 122
파, 카치오카발로 리소토 124
라이스 고로케 126
무청, 병아리콩, 익반죽 뇨키 스프 128

contents

생선 130

기본 & 기교 생선과 조개 세척법 132
멸치 튀김 138
바칼라(말린대구) 튀김과 오렌지 마멀레이드 140
페페로니, 감자 바칼라 만테카토 142
무청과 케이퍼 소스, 토마토를 채운 오징어 144
셀러리, 돼지기름 아귀 146
라이트 마요네즈를 넣은 꼴뚜기 튀김 148
대구와 감자, 토마토 150
화이트 와인 대구 폴페테(미트볼) 152
우유, 감자, 새끼 문어 아포가토 154
아스파라거스를 넣은 광어 스튜(구아쩨또) 156
멸치, 감자, 치커리와 바질 소스 스포르마티노 158
혀넙치와 시금치, 가지 새우 160
소금 구이 농어와 그린 소스 162
농축 생선 스프 164
또따노 오징어와 렌틸콩 스프 166

육류 168

야채와 달콤한 마늘 크림을 곁들인 새끼 양고기 170
쇠고기 비안케토 172
마늘 퓌레 조림(브라사토) 174
지중해식 토끼 요리 176
스카페체 토끼 튀김 178
카치아토라 소스를 곁들인 돼지 안심과
병아리콩 무스 180
치킨 구이 182
햄버거 184
올리브, 타임, 파프리카, 시금치를 넣은 롤 186
참치 소스에 절인 송아지 고기 188
토마토 아그로돌체 소스를 곁들인 닭튀김 190

시금치 소스를 곁들인 폴페테 192
양고기 스팔라 194
기본 & 기교 소스 196
셀러리, 무 퓌레를 얹은 돼지 정강이 200

디저트 202

딸기 바바레제와 요구르트 스프 204
배 크림 슈와 초콜릿 글라쎄 206
기본 & 기교 제과 반죽 208
복숭아 절임을 채운 봄바 튀김 212
크림 브리오슈 214
화이트초콜릿과 레몬 크림을 넣은 카놀리 216
올리브유 칸투치와 파시토 소스 218
바닐라 크림 브륄레 220
커스터드 크림 크레이프와 감귤 캐러멜 222
기본 & 기교 크림 224
미니 사과 타르트 232
와인에 절인 무화과 슬라이스를 곁들인 초콜릿 무스 234
레몬 초콜릿과 커피 무스 236
레몬과 엑스트라버진 올리브유를 넣은 플럼케이크 238
자두 소스를 곁들인 자바이오네 세미프레도 240
구운 티라미수 242
로베쉬아타 살구 타르트 244
레몬과 아마레나 머랭 케이크 246
캐러멜 소스를 곁들인 초콜릿 케이크 248

조리법에 기재된 양은 4인분 기준입니다.

🍴　
난이도　조리 시간

unforketable.it
INTRODUCTION

서문

이 책은 집에서 언제라도 쉽게 배울 수 있는 요리들이 수록된 요리 학교와 같은 책입니다. 카스텔 디 산그로Castel di Sangro(이탈리아 중부 아브루초에 위치한 자치도시)에 있는 필자의 레스토랑 '일 레알레 디 카사돈나il Reale di Casadonna'의 메뉴는 아니지만, 요리 전문 학교인 니코 로미토 스쿨Niko Romito Formazione를 열면서 시작한 교육 프로그램의 레시피들입니다. 2009년부터 2010년 사이, 리비손돌리Rivisondoli에 있는 레스토랑 '일 레알레il Reale'에 대해 다시 생각하기 시작했습니다. 리비손돌리는 아브루초 주 중심에 있는 작은 마을인데, 한동안 장소를 물색한 후인 어느 날 리비손돌리에서 얼마 떨어지지 않은 카스텔 디 산그로Castel di Sangro에서 16세기에 지은 카사돈나Casadonna라는 수도원을 발견했는데 이 수도원을 새로운 레스토랑으로 변신시켰습니다. 이 레스토랑을 열면서 자재며 인테리어를 비롯해 작은 것 하나까지 직접 선택했고, 이런 새로운 계획을 실천하면서 성장하려면 활동 범위를 넓히고 젊은 요리사들도 양성해야 한다는 것을 깨달았습니다.

수도원의 규모가 꽤 큰 편이어서 카사돈나 레스토랑의 공간 내에 인력 양성 학교를 만들겠다는 계획을 세우고 한 걸음씩 나아갔는데 바로 이 단계에서 새로운 요리사를 양성하는 과정뿐만 아니라 모든 사람에게 요리에 대해 이야기하는 조금 더 대중적인 프로젝트를 운영함으로써 사람들과 소통해야겠다는 생각이 들었습니다.

인력 양성이라는 테마를 마주하기 시작했을 때, 아무리 별것 아니라 해도 셰프들의 이야기만 하는 것은 편협하다는 생각이 들었습니다.

그래서 곧바로 파트너인 파스타 가로팔로Pasta Garofalo*(파스타 생산, 판매 전문 회사)와 이런 뜻을 나눴고 함께 꿈을 이뤘습니다. 그렇게 해서 엘리시아 멘두니Elisia Menduni가 촬영한 감독판 단편 영상 컬렉션으로 누구나를 위한 레시피 영상 프로젝트인 언포케테이블www.unforketable.it이 탄생됐습니다. 이 영상들은 요리를 배우고 실험하고 장식해 보면서 새로운 요리 방법을 실습해 볼 수 있어 상당히 종합적이면서 직선적입니다.

이 책은 디지털 언포케테이블 프로젝트를 조금 더 빨리 접할 수 있는 종이 버전이며 이 영상 프로젝트를 생각해 냈을 때는 이미지와 웹web에 집중했습니다. 하지만 첫 제작 단계가 끝나자, 누구나 접하게 하려면 이미지와 온라인 배포에 제한을 두지 말고 더 많은 매체를 찾아야 한다는 것을 깨달았고 결국은 그래서 이 책까지 탄생하게 됐습니다.

언포케테이블의 요리는 이탈리아 전통 요리를 완벽히 파악한 후 가볍고 간편하게, 때로는 더 깊이

introduction
요리의 필수 조건

있게 만들기도 하면서 재창조했습니다.

언포케테이블의 요리는 새로운 시도를 하고 연구하는 어느 레스토랑에서 일하는 요리사가 관찰한 가정식 요리입니다.

카사돈나의 레알레 레스토랑은 수년간 연구한 결과물로 종합적인 시각에서 음식과 식품, 요리를 찾아 연구하려는 선택, 실험을 하려는 힘든 선택을 위해 기꺼이 희생하려는 식당입니다.

요리사의 인생에는 손님들의 허기를 달래고 행복하게 해주기 위해 요리를 하는 시기가 있는데 필자가 생각하기에는 요리사로서 아주 기본적이고, 또 제가 트라토리아 trattoria나 레스토랑을 시작할 때마다 소망하는 마음가짐을 갖는 단계인 시기입니다. 그 단계가 지나면, 그러니까 사람들의 허기를 달래주고 탐험도 끝나면 새로운 요리에 대한 연구와 창조, 상상, 실현을 시작하는 시기가 옵니다. 연구와 실험을 통해 손님들을 행복하게 해주되, 남다른 방식에 중점을 둬요. 첫 번째 시기와 두 번째 시기의 차이, 즉 대중적인 음식과 연구한 음식의 차이는 후자가 몸에 영양분을 공급하고 허기를 달래는 차원을 넘어섭니다. 필자와 같은 생각을 하는 손님에게는 저의 열정과 기교, 사고방식까지 제공하고자 하는 의지가 생기죠.

그리고 그런 의지는 레알레 레스토랑에서 실현되고 있습니다. 하지만 레스토랑에서 사람들과 소통하는 것은 요리와 그 요리 고유의 복합적인 특성이지 요리사가 아닙니다. 마음의 창을 열고 사람들과의 연결 고리를 찾고 성찰의 동기를 부여하는 것은 음식의 맛과 맛의 깊이입니다. 흔히 '수준 높은 요리'라고 하는 음식과 그냥 요리의 차이가 아마 그런 거겠죠. 하지만 고급 요리라고 해서 저 높은 곳에 있는 것은 아닙니다. '연구한' 요리, 정말 더 간편한 요리라고 생각합니다.

언포케테이블 프로젝트는 음식 수준의 높고 낮음을 따지거나 연구한 음식 혹은 실험 음식을 추상적으로 구분하는 일로 시작하지 않습니다. 전통과 지혜가 담긴 제품을 바탕으로 발전시킬 수 있는 가벼운 요리를 만들겠다는 간단한 생각에서 출발합니다. 낭비하지 않고 기본적이지만 깊은 맛을 내며 즉시 만들 수 있는 요리를 추구합니다.

이 책을 통해 저희 프로젝트는 조금 더 여러분께 가까이 다가갈 수 있을 겁니다.

우리 함께 해봐요!

SIMPLENESS

BASIC MATERIALS

LIGHTNESS

NATURE

TIME

TOOL

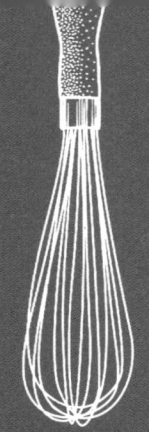

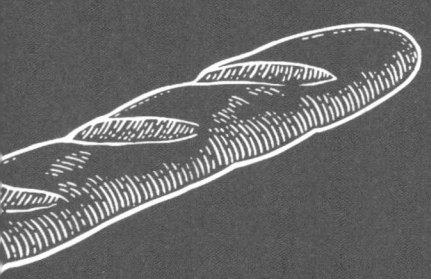

단 순 함

기 본 재 료

가 벼 움

자 연

시 간

도 구

[단 순 함]

이탈리아어로 '단순'하다는 'semplice'입니다. 이 단어의 근원을 살펴보면 어떤 한 가지가('sem') 그 자체에 결속되어 있다(라틴어의 'plectere'에서 온 'plek'이 어원이죠)는 의미가 있습니다. 여러 부분으로 분해될 수 없는 것, 그것이 단순한 것입니다. 이렇게 단어와 어원을 언급하면서 시작한 이유는 단순함이라는 개념의 기본적인 의미를 찾기 위해서입니다.

요리는 최소한으로 줄이려 할 때, 입안에서 주재료 한 가지의 맛만 남을 때, 여러 가지 재료를 섞지 않을 때, 재료의 맛이 순수할 때 단순해집니다. 여러분이 한 접시의 요리를 만들려고 구상하고 조리법을 따라 하려고 준비하는 과정을 생각해 보세요. 일단 주방으로 가서 필요한 것들을 꺼내기만 하는 것이 아니라, 불필요한 것들을 치울 것입니다. 그리고 기본적인 맛을 내려 골몰하겠죠.

이 책에서는 한 가지 성분으로 조리법을 만들었습니다. 한 가지 요소를 다양한 단계로, 날것으로 수분이 있게 혹은 끓여서 크림 형태로 혹은 응축시켜 튀기는 등 여러 방법을 동원해서 레시피를 만들었습니다. 예를 들어 아티초크나 가지 같은 재료로 수많은 요리를 만들었습니다.

그렇다고 여러분을 이 단순한 세상으로 초대하는

것이 무조건 모든 것을 최소화하라거나 한 가지 성분만으로 요리를 하라는 뜻은 아닙니다. 과장 없는 간단한 요리가 풍부하고 고고한 맛을 내도록 만드는 것은 완전히 다릅니다.
여러 성분을 함께 이용해서(그렇다고 너무 많이 사용하지는 마세요!) 맛의 궁극적인 조화와 대비를 찾아내는 데 집중하고, 절대 혼란스러운 맛이 아닌 뚜렷하게 느낄 수 있는 맛을 만들어 내야 한다는 점을 기억해 두고 있어야 합니다.
요약하면, 여러분은 이 책에 실린 레시피들 속에서 아주 단순한 두 가지 과정, 즉 줄이고 간편화하는 과정을 통해 본질적인 요리, 건강하고 자연스러우면서 맛깔스러운 요리를 찾게 될 것입니다.

[기 본 재 료]

음식을 존중하려면 일단 기본 재료부터 알아야 합니다. 그리고 재료들이 지역이나 계절과 어떤 관계에 놓여 있는지 자세히 알아야 합니다.
세상이 점점 글로벌화하고 있어서 거의 모든 재료를 구할 수 있습니다. 기본 재료에 대해 파악하기 위한 첫 번째 규칙은 시장에 가서 상인들의 판매대에 무엇이 있는지 직접 보는 것입니다.
비닐하우스와 전 세계 식품의 수입 덕분에 계절 음식을 선택하는 폭이 넓어진 대신, 시장에 펼쳐진 과일과 야채는 대형마트보다 점점 더 줄어들고 있습니다. 이런 상황이 벌어진 이유는 사람들이 특정 지역에서 생산된 식품만이 진정한 자연의 맛과 영양을 제공할 수 있다고 생각하기 때문입니다. 여러분이 밭도 없고 음식을 만들 재료를 직접 기를 수도 없다면, 최대한 자연적인 방법으로 식품을 기르고 재배하며 생산하는 판매자와 직거래하는 관계를 만드는 것이 좋습니다.
일단 기본적인 재료를 선택하고 나면, 그 재료들을 어떻게 요리할지 생각해 보고 우선 날것일 때 맛을 보세요. 그 다음에는 찌거나 굽거나 퓌레로 만들거나 튀기거나 직화로 익힌 것도 맛보세요. 요리법들을 공부할 때는 언제나 날것으로 시작해서 조리 과정을 거친 음식으로, 처음에는 낮은 온도에서 점점 높은 온도로 조리한 음식으로 옮겨 가세요. 여기서 수학적인 공식이 적용된다는 것을 알게 될 것입니다. 기본적인 재료를 가열하면 가열할수록 원래의 맛이 점점 사라진다는 공식입니다.
하지만 조리법의 핵심이 재료 본연의 맛이 아니라 영양이나 구성적인 특성인 경우가 있습니다. 예를 들어 감자를 생각해 볼까요? 감자의 경우 익히지 않으면 먹을 수가 없습니다. 생감자는 독이 있을 뿐 아니라 맛도 없어서 조리를 잘 해야 합니다.

어떤 닭고기 조리법을 테스트하던 중에 알게 된 건데, 갈아 놓은 생감자에 닭고기를 마리네이드 한 후에 구우면 감자를 흡수한 고기가 구운 감자처럼 바삭거린답니다. 이외에도 날것으로는 먹을 수 없을 것 같지만 요리를 준비할 때 유익한 역할을 하는 식품은 꽤 많습니다. 그러니까 여러분도 어떤 식품을 생각할 때, 현재의 상태로만 또는 먹기 좋은 부분만 사용하려 하면 안 됩니다. 때로는 재료의 다른 측면과 다른 조리 상태도 중요하게 쓰일 수 있다는 것을 기억해 두세요.

육류와 어류의 경우, 남들이 잘 모르거나 금방 생각해낼 수 없는 길을 가 보기를 권합니다. 고기를 살 때 항상 채끝살이나 우둔살만 구입하지 말고, 생선도 농어나 도미만 고르지 마세요.

아무도 찾지 않지만 지혜롭게 잘 사용하기만 하면 다른 그 어떤 부위보다 맛있고 식감도 좋은 부위들이 있습니다. 비싸지 않은 부위의 육류와 모든 내장 부위를 연구해 보세요. 심지어 버리는 부위들도 최고의 음식이 될 수 있습니다. 예를 들어 뼈는 육수와 소스를 내는 데 사용할 수 있고, 육수를 낸 고기로는 미트볼을 만들 수 있습니다. 가금류는 언제나 한 마리를 통째로 구입해서 허벅지와 가슴살을 사용하고 다른 부위들도 발라 놓으세요. 그 외 자투리들로는 훌륭한 육수를 만들 수 있습니다. 어류의 세계도 끝이 없습니다. 일단 큰 덩어리로 자른 수입 생선보다는 항상 가까운 바다에서 잡은 등푸른 생선을 선택합니다. 장을 볼 때 가시가 많은 스프용 생선도 빠뜨리지 마세요. 가시 많은 생선이 훨씬 맛있답니다.

기본 재료의 자투리와 복원에 대해 마지막 한 가지 더 얘기하겠습니다. 복원 요리라고 해서 거창하게 들릴지 모르지만 식자재를 사용할 때는 언제나 지혜가 필요합니다.

채소 자투리는 갈거나 즙을 내서 다른 요리의 맛을 더할 때 사용합니다. 오래된 빵은 미트볼이나 미트로프에 넣을 수 있고, 갈아서 빵가루로 사용할 수도 있습니다. 빵 부스러기로 반죽을 만들어 도넛이나 프리텔라 *frittella**(얇게 썬 과일이나 고기에 밀가루 반죽을 입혀 튀긴 음식)를 만들어도 좋습니다.

[가 벼 움]

튀김이든, 케이크든, 찜이든, 국이든 모든 음식을 준비할 때 들어가는 지방 부분에 주의를 기울여야 합니다. 조리할 때 전체적으로 지방이 어떻게 사용되는지를 염두에 둔 요리에 주목해야 합니다. 필자가 보기에는 지방을 전체적으로 없앨 수는 없지만, 필요할 경우 적당한 비율로 최소한 사용하는 것이 좋을 것 같군요.

가벼운 요리는 지방을 과도하지 않게 사용합니다. 지방질이 있는 고기는 구워서 건조한 후에 녹은 지방을 잘라내세요. 가벼운 요리는 고기의 지방을 줄이는 것입니다. 달걀이나 육류 등 동물성 단백질을 과하게 사용하지 않죠. 조리 시간도 줄이고, 기름기를 줄여야 한다고 판단될 경우 소스나 아주 농도 짙게 우린 진액보다는 물이나 지방을 제거한 육수를 사용합니다.

튀김도 적당한 온도에서 조리하면 가벼울 수 있습니다. 이건 아는 사람이 거의 없는 방법인데, 기름에 튀기기 전에 먼저 증기로 익히는 것입니다. 여러 재료와(고기나 생선, 채소) 기름 사이에 열로 충격을 주면, 증기가 재료 자체의 주위에 막을 형성합니다. 이 막이 튀기는 시간의 최소한 절반 정도까지 음식의 섬유질 내부로 기름이 침투되는 것을 막아 줍니다. 이런 현상은 튀김 재료를 기름에 살짝 담글 때나 빵가루나 밀가루를 입혔을 때 혹은 반죽 옷을 입혔을 때 나타납니다.

적절한 조리법을 이용하고 좋은 재료를 선택하는 것 외에도 식품을 농축하거나 채소와 과일의 즙을 사용하는 방법으로도 음식을 가볍게 만들 수 있습니다. 스프를 끓일 때 굳이 육수에 넣은 모든 재료들이 푹 익을 때까지 끓일 필요는 없습니다. 각 식품의 맛이 살아 있도록 모든 재료를 따로 익혀서 마지막에 조합해도 스프가 될 수 있습니다. 믹서기 같은 것으로 모두 다 함께 혼합해도 됩니다.

날음식도 요리를 조금 더 가볍게 만드는 데 도움을 줄 수 있습니다. 생토마토를 깍둑썰기해서 통통하고 맛있는 또따노totano*(오징어의 일종)에 채워 넣으면 대조되는 색감이 기분 전환까지 해주죠. 믹서에 간 셀러리는 감자와 살시치아saliccia*(이탈리아 전통 소시지) 수프의 지방 흡수율을 낮춰줍니다.

[자연]

이 책의 첫 장을 빵으로 시작하기로 했습니다. 빵은 최고의 음식입니다. 밀과 빵으로 시작한다는 것은 흙과 채소를 출발점으로 삼겠다는 거죠. 밀은 사실 매우 순수하고 역사가 오래된 식물성 음식입니다.

빵은 조리법에 따라 끝없이 진화할 수 있는 음식입니다. 빵을 먹는 것은 생생하게 살아 있고, 끊임없이 진화하는 자연을 섭취하는 것입니다.

이렇게 상징적이고 의식적인 요소들이 가득한 빵은 기술과 마법, 신비, 자연의 총체입니다. 그런데 필자는 아주 오랫동안 빵은 곁들이는 것이라고 생각했습니다. 필자가 운영하는 레스토랑에서는 한 동안 반죽 자체는 같지만 향신료와 야채를 다양하게 넣어서 작은 크기로 만든 빵을 선보이기도 했습니다. 그러다 아브루초abruzzo(이탈리아 중부 지역)산 보통밀과 시칠리아산 경밀, 고대 곡물을 기본으로 한 새로운 반죽을(말이 새롭지 사실 아주 오랜 반죽법이죠!) 연구하기 시작했습니다. 이후로는 원래보다 빵의 크기는 늘이고 개수는 줄여 탁자에서 바로 자르거나 찢어 먹을 수 있도록 했습니다.

이 책에서는 빵이 요리의 주인공으로 등장하는 일이 많고, 단순하게 곁들이는 경우는 별로 없을 것입니다.

이렇게 빵을 주인공으로 내세우면서 빵이 아주 뿌리 깊은 음식이라는 생각을 새삼 다시 하게 됩니다. 수 세기 동안 지중해 문화권의 나라들은 빵 한 가지만으로 영양을 섭취했으니까요.

그리고 빵과 함께 먹는 각종 음식이 있었습니다. 빵은 영양을 공급하고 가격도 저렴해서 식탁의 절대 지존의 자리를 지켰었죠. 그러다가 생활 수준이 높아지면서 요리의 수준도 급성장했고, 그 결과 빵이 곁들이는 음식, 즉 사이드 메뉴가 됐습니다. 그래서 이젠 궁핍한 시절 주인공으로서의 빵의 역할과 지난 수십 년간 거의 액세서리였던 빵의 역할 간의 균형을 찾아야 합니다.

주인공이 되는 빵과 곁들여 먹기에 좋은 빵을 구분해서 만들 필요가 있습니다.

이 책에는 또 한 가지 혁명적인 개념이 있습니다. 채소와 관련된 건데 불과 몇 년 전까지도 '채소'는 주로 사이드 메뉴였지만 필자가 만드는 요리의 50퍼센트는 채소 위주로 만든 것들입니다. 변형된 곡물이나 생채, 숙채, 과일 등 모든 식물이 간혹 대들보 역할을 하기도 하고, 한 메뉴의 절대적인 주인공이 되는 데 전혀 무리가 없을 정도로 다양하고 폭넓은 장점이 있다는 것을 알았습니다.

마지막으로, 디저트도 식물성 재료만 사용해서 만들 수 있습니다. 신선한 과일과 견과를 사용하고 버터 대신 올리브오일을 사용하는 것부터 시작해 보세요. 식물성 디저트를 만드는 것도 상당히 재미있습니다!

[시간]

요리를 하려면 시간과의 관계를 조절해야 합니다. 우리가 언제나 몇 시간씩 요리에만 매달려 있을 수는 없으니 시간 조절도 필요합니다.

간혹 조리 과정이 길어서 읽기에도 벅찬 것 같은 조리법도 있습니다. 하지만 요리에서 그 무엇보다 중요한 것은 시간이 아니라 구성이라는 점을 말해 둬야겠네요. 이 책에는 단 몇 분 안에 끝낼 수 있는 아주 간단한 요리법도 있고(참조가 있어서 요리의 방향을 정하는 데 도움이 될 거예요) 꽤 복잡한 조리법도 있습니다. 복잡한 조리법의 경우 여러분이 활용할 수 있는 방법을 적어둘 것입니다. 생파스타는 냉장고에서 24시간 정도 보관해도 괜찮습니다. 뇨끼의 경우 냉동이 가능한 것들이 있습니다. 육수나 소스도 냉동 보관이 되는 것들이 있습니다. 그 밖에 과자류의 기본 재료들도 미리 준비해 둘 수 있는 것이 많죠.

조리법의 준비 과정을 합리적으로 분석한 후 각자에게 맞게 구성하면 요리를 하는 데 도움이 되고 속도도 빨라진다는 점을 기억해 두세요. 그리고 가끔은 육수나 중요한 저녁 식사를 위한 카펠레토cappelletto*(작은 고깔모자 형태의 라비올리) 혹은 브라사토brasato*(와인을 넣고 오랫동안 끓인 고기 요리)를 만드는 데 시간을 투자할 필요가 있다는 것도 잊지 마세요. 그런 음식을 준비하는 동안의 평온함과 서서히 익힌 부드러운 음식은 건강과 맛이라는 최고의 선물을 얻게 해 줄 것입니다.

[도 구]

요리를 할 때 반드시 필요한 단 한 가지의 도구는 여러분의 손입니다. 여러분의 손으로 기본적인 재료들을 혼합하면서 유연하게 만들어 화합물이 되게 하고, 반죽을 하고, 액체 상태를 고체로 만들 수 있습니다. 사실 여러분의 손이 중요하지 연금술사의 연구실이나 별이 몇 개씩 달린 레스토랑처럼 각종 설비를 다 갖춘 주방은 필요치 않습니다. 필자가 생각할 때 중요한 몇 가지 도구만 갖춘 효율적인 주방이 필요합니다. 하지만 그 몇 가지 도구도 항상 꼭 있어야 하는 것은 아닙니다.

그럼 그 도구들 중 칼 이야기부터 시작해 보죠. 칼은 열 몇 개씩 세트로 가지고 있을 필요는 없습니다. 20cm 정도의 날이 잘드는 칼 하나와 날카롭고 작은 칼 하나, 좋은 빵칼 하나, 고기 전용 칼이나 무겁고 큰 칼 하나 정도만 있으면 됩니다.

감자칼과 주스기, 강판, 나무 밀대, 도마, 촘촘한 소쿠리나 체, 수저 세트도 주방에서 빠트릴 수 없는 도구입니다.

그리고 방망이형 믹서도 하나쯤 있으면 좋습니다. 어느 정도 요리 경력이 쌓였을 때 믹서 기능까지 있는 반죽기도 추가하면 게임 끝이죠!

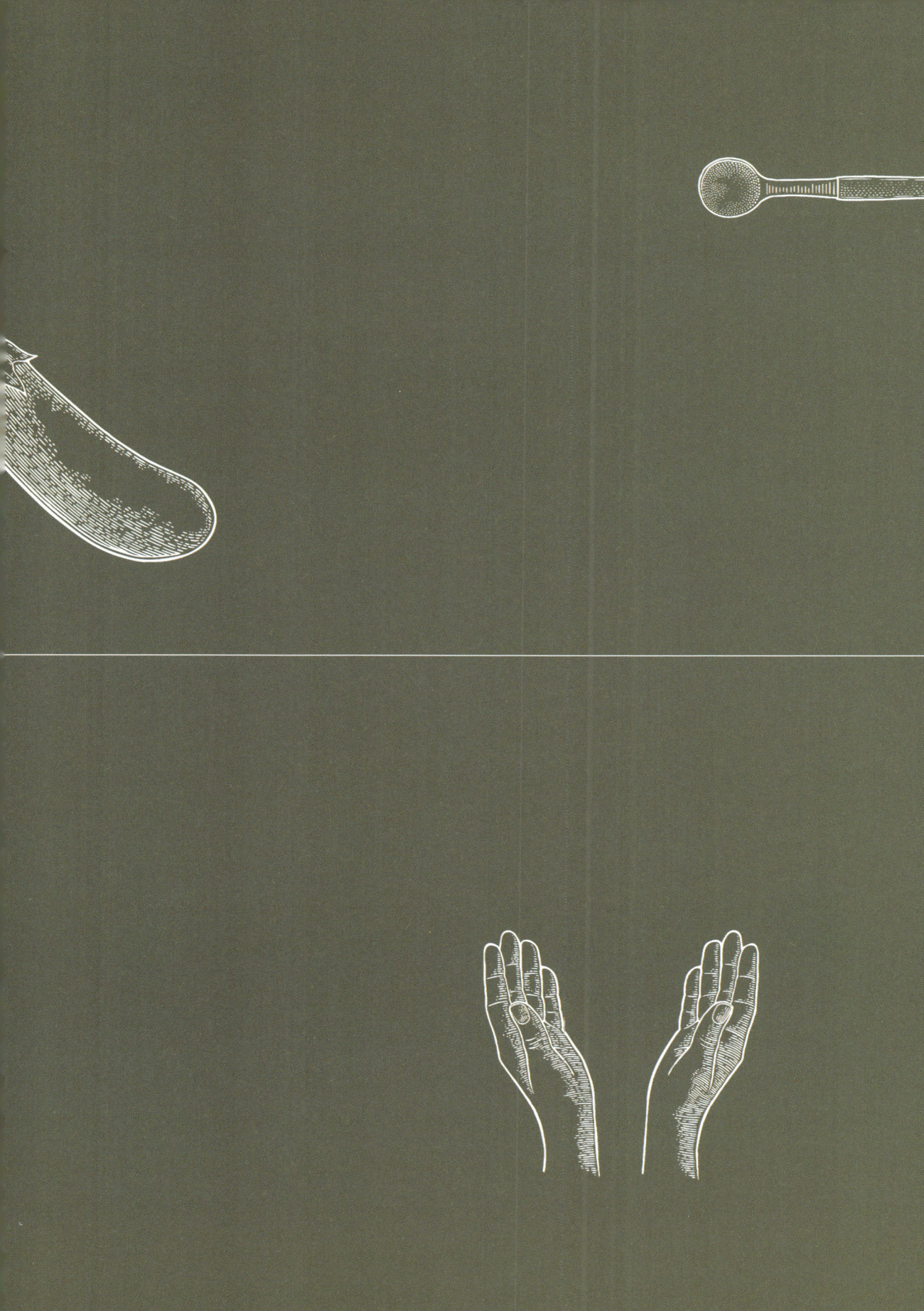

unforketable.it
BREAD

빵

브루스케타 루스티카

첫 번째 주인공은 빵입니다. 우리가 흔히 먹는 빵과는 다른 식도락 빵입니다. 전통적인 손반죽 빵인데, 토마토를 곁들이면 끼니 사이의 가벼운 식사나 간식으로 먹기에 충분합니다. 혹시 간단한 브루스케타를 진짜 요리처럼 만들어보고 싶다면, 이 빵으로 한 끼를 대신할 수 있을 정도로 풍성하고 맛있는 요리를 준비해 보세요. 기본 재료인 물과 밀가루, 이스트에 풍부함을 더하려면 버터와 프로슈토, 파르미지아노, 카치오카발로 치즈를 사용해야 합니다. 이런 재료들을 추가하면 훨씬 더 맛있고 식욕이 당기는 빵을 만들 수 있습니다.

파르미지아노 레지아노 치즈 가루 100g (파마산 치즈)
라마토 토마토 2개 (플럼 토마토 사용 가능)
엑스트라버진 올리브유 15g
강력분 250g
프로슈토 크루도 100g
카치오카발로 100g
버터 50g
달걀 2개
레몬 제스트 2g
설탕 7g
드라이 이스트 6g
생바질 3잎
로즈마리 1/2가지
물 50g
소금 7g

→ **카치오카발로*** 양젖이나 우유로 만드는 이탈리아 남부 지방의 표주박 모양 치즈.
→ **라마토 토마토*** 한 가지에서 5~8개가 열리는 토마토 종. 둥글고 선명한 붉은색과 진한 맛이 특징인 중소 크기의 토마토.

○ 프로슈토는 하몽, 장봉과 같은 종류이다. 구하기 힘들 때는 에멘탈 같은 연경성 치즈를 사용해도 된다.
○ 빵을 만들기 힘들면 바게트 빵을 구입해서 쓰면 된다.

how to

1 프로슈토를 깍둑썰기합니다.
2 프로세서에 잘라 놓은 프로슈토를 넣고 몇 초간 다집니다.

3 로즈마리를 잘게 다집니다. **4** 버터를 손가락 크기로 자릅니다. **5** 카치오카발로 치즈를 깍둑썰기 합니다. **6** 반죽기에 후크를 끼우고 밀가루와 프로슈토, 다진 로즈마리, 갈아 놓은 파르미지아노 치즈, 카치오카발로 치즈를 깍둑썰기한 것과 달걀, 레몬 제스트 그리고 준비한 물의 절반을 넣습니다. 재료가 한 덩어리로 뭉칠 때까지 반죽기를 중속으로 돌립니다. 이스트와 소금, 설탕, 버터를 넣고 반죽을 계속 합니다.

7 반죽이 다 되면, 버터를 칠해 놓은 틀에 담아 넣습니다. 면보나 비닐랩으로 틀을 덮고 2시간 정도 발효시킨 후 160°C로 예열한 오븐에 넣고 50분간 구우면 됩니다. **8** 토마토 밑부분에 십자 모양으로 칼집을 내고 끓는 물에 10초간 데친 후 얼음물에 담가 더 이상 익지 않게 합니다. 칼집을 낸 부분을 이용해 껍질을 벗기고 사각형으로 썰어준다(토마토, 콩카세). 올리브오일, 소금, 바질 잎 2장으로 양념합니다.

9 빵이 다 구워졌으면 틀에서 꺼내 식힌 후 약 1cm 두께로 썰어 둡니다. **10** 코팅된 프라이팬을 달궈 썰어 둔 빵을 구우세요. **11** 양념한 콩카세를 약간의 올리브유와 손으로 찢은 바질 잎과 함께 서빙합니다.

튀긴 빵과 토마토, 파르미지아노(파마산) 치즈

예전부터 나폴리를 비롯한 이탈리아 남부 전 지역에서는 피자나 빵의 반죽이 남으면 튀겨 먹었습니다. 소풍용 간식이나 길거리 음식을 대표하는 이 빵튀김은 겉에 소금을 뿌리고 토마토 소스와 치즈를 갈아서 곁들이면 완벽한 애피타이저로, 맛있어서 인기 좋은 핑거푸드(손으로 쉽게 집어 먹을 수 있는 음식)로 먹을 수 있습니다.

이 빵튀김의 반죽으로는 경밀로 만든 듀럼밀(세몰리나) 반에 강력분 반을 섞어서 사용하기를 권합니다. 주의할 점은 토마토와 튀김 반죽, 치즈의 비율을 잘 조절하고, 소스에 들어가는 멸치와 케이프의 크기를 잘 맞추는 것입니다. 이것만 신경 쓰면 걸작이 나올 것입니다.

곱게 빻은 듀럼밀 200g (중력분으로 대체 가능)
올리브유에 재운 멸치 2마리 (안초비)
엑스트라버진 올리브유 30g
강력분 200g
물 300g
드라이이스트 6g
설탕 7g
방울토마토 4알
케이퍼 12알
바질 잎 2장
땅콩기름 1000g
소금 7g

how to

1 작업대에 두 가지 밀가루를 붓고 웅덩이 모양으로 가운데를 파 놓습니다. 이스트와 물(이스트의 작용이 '억제'되지 않고 자연스럽게 발효 작용이 일어날 수 있도록 미지근한 물을 사용합니다), 설탕, 소금을 추가하면서 섞습니다. **2** 스크레이퍼를 이용해 잘 혼합합니다. **3** 반죽이 다 되면 볼에 담고 랩으로 덮은 후 부피가 두 배가 될 때까지 발효시킵니다(한 시간 반 정도 걸립니다). 발효가 다 되면, 평평한 판에 반죽을 올려 놓고 손으로 눌러 두께가 약 2cm가 될 때까지 펼칩니다. **4** 쿠키틀을 이용해 원하는 크기의 원형을 만듭니다(지름 5~6cm 정도를 권장합니다).

5 토마토 콩카세부터 만들어서 살사를 준비합니다. 콩카세를 만들려면 일단 토마토 밑부분에 십자 모양의 칼집을 내서 끓는 물에 10초간 데친 후, 토마토가 더 익지 않도록 얼음물에 담급니다. 토마토의 열이 식으면 껍질을 벗겨 작게 깍둑썰기하면 됩니다. **6** 케이퍼와 멸치를 다져 볼에 담고 토마토와 바질 잎 한 장과 엑스트라버진 올리브유를 넣고 섞습니다. 이 상태로 10분 정도 두어 마리네이드합니다.

7 해바라기 기름을 160°C까지 가열한 후 반죽을 넣고 뒤집어 가며 색이 나고 부풀어 오를 때까지 튀깁니다. 다 튀겨지면 건져내 유산지에 올려 놓습니다. **8** 빵튀김이 다 준비되면 작은 방망이 같은 것을 이용해 튀김의 가운데 부분이 오목하게 들어가도록 눌러 줍니다. **9** 오목하게 패인 부분에 토마토 소스를 올리고 갈아 놓은 파르미지아노 치즈와 바질 잎으로 장식합니다.

recipe 03

햄버거빵

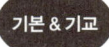 기본 & 기교

반죽에 설탕을 조금 넣어 달콤하고 독특한 풍미가 두드러지는 브리오슈 같은 빵입니다. 스펀지처럼 푹신하고 탄력 있는 질감이고, 물기가 있거나 소스가 많은 재료를 끼워 넣기 좋죠. 예를 들면 햄버거나 크림을 가득 채운 빵으로 활용할 수 있습니다. 발효 시간과 온도를 잘 지키기만 하면 빵은 확실히 잘 나올 것입니다.

강력분 250g
설탕 12g
드라이이스트 10g
물 150g
버터 50g
소금 5g
참깨

how to

1 손가락 한 마디 크기로 버터를 자릅니다. **2** 달걀의 노른자를 분리해 둡니다. 나중에 빵 반죽 위에 바를 때 사용할 것입니다. **3** 반죽기에 밀가루와 설탕, 이스트 그리고 준비한 물의 절반만 넣습니다. **4** 반죽기를 작동시키고 반 남긴 물을 조금씩 추가합니다.

5 버터와 소금을 넣고 반죽 표면이 매끄러워질 때까지 반죽합니다. **6** 반죽을 볼에 넣고 랩으로 덮으세요. 반죽이 두 배로 부풀 때까지(약 1시간 소요) 발효시킵니다. **7** 반죽을 약 80g 정도씩 분할해서 성형합니다. 노른자에 거품이 일지 않도록 조심스럽게 잘 풀어줍니다.

8 코팅 프라이팬에 깨를 볶습니다. **9** 성형한 빵 반죽에 노른자를 바르고 깨도 뿌려줍니다. **10** 작은 냄비에 물을 담아 오븐에 넣어 어느 정도 습기가 생기게 한 후, 빵 반죽을 넣고 180°C에서 15분간 구워줍니다.

구운 판자넬라와 토마토, 달걀

 bread

이탈리아 일부 지역에서는 판자넬라를 전혀 굽지 않고 먹습니다. 개인적으로 소스가 넉넉하고 재료도 많이 올려 구운 버전이 좋습니다. 어쨌든 이번 음식은 오래된 빵을 주재료로 하는 요리입니다. 원래는 가난하고 소박한 농부의 음식이었는데 조리 기교와 감귤류의 향기, 강한 허브들의 조합, 달걀의 강한 색상을 이용한 플레이팅 등으로 고급화 됐습니다.
달걀은 유기농으로 구입하는 게 좋습니다. 그러면 노른자가 노란기는 덜하더라도 더 깊고 건강한 맛을 냅니다.

올리브유에 절인 말린 토마토 20g(마트에서 판매)
파르미지아노 레지아노 치즈 20g(파마산 치즈)
가에타산 블랙 올리브 12알(일반 블랙 올리브 사용 가능)
엑스트라버진 올리브유 40g
빵 200g
노른자 4개
셀러리 줄기 2대
당근 2개
토마토 퓌레 300g
마조람 가지 1개
백리향(타임) 가지 1개
타라곤 가지 1개
민트 가지 1개
오렌지 제스트 4g
물 180g
소금

how to

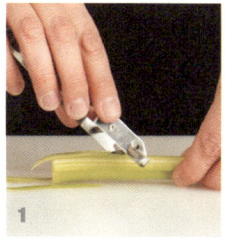   

1 재료를 손질해 줍니다. 셀러리는 감자칼로 섬유질 부분을 잘라내고 다듬어 줍니다.   **2** 당근도 감자칼로 껍질을 벗긴 후 깍둑썰기해주고   **3** 말린 토마토는 꼭 짠 후 다집니다. 말린 토마토의 강한 맛이 판자넬라의 풍미를 한층 더 올려줄 것입니다.   **4** 허브들을 잘게 다집니다.

5 칼을 뉘어 올리브를 짓눌러 씨를 빼내고 듬성듬성 자릅니다.   **6** 빵을 주사위 모양으로 자르고 코팅 팬에서 굽습니다. 이렇게 한 번 구워주면 완성되었을 때도 바삭하게 먹을 수 있습니다.   **7** 주물 프라이팬에 기름을 한 바퀴 두르고 불에 올린 후, 셀러리와 당근을 넣습니다. 두 재료를 잠시 볶다가 토마토 퓌레와 둘, 올리브를 추가합니다.   **8** 몇 분 동안 재료들을 볶다가 오렌지 제스트와 다져 놓은 허브들을 섞어 둡니다.

9 간을 하고 빵을 넣은 후 1분 동안 더 섞어 줍니다.   **10** 코팅 프라이팬에 쿠키틀을 놓으세요. 틀 안에 갈아 놓은 파르미지아노 치즈를 넣고 약 3분 정도, 치즈가 녹아 치알다 모양이 될 때까지 가열합니다.   **11** 달걀을 깨서 노른자를 분리해 두세요. 냄비에 물을 담아 불에 올리고 물이 끓으면 불을 끄고 노른자를 하나씩 넣습니다. 30초 동안 끓는 물 속에 두었다가 건져 그릇에 담아 둡니다.

12 평평한 서빙 접시 중앙에 쿠키틀을 놓고 안에 빵을 채웁니다. 빵 위에 조심스럽게 달걀 노른자를 올립니다. 그 위에 치즈로 만든 치알다를 덮고 소금으로 간을 합니다.

→ **치알다** cialda* 밀가루, 우유, 달걀을 혼합해 전병처럼 얇게 구운 과자.

두 번 익힌 판제로토와 올리브, 모르타델라

작은 크기의 튀김 칼쪼네라고도 할 수 있는 이 음식은 풍부하고 다채로운 맛입니다. 무엇보다 간편하게 준비할 수 있는 전채요리나 오후 간식으로 먹을 수 있습니다. 기본 조리법을 변형해 펜넬 씨앗 분말을 추가해서 향긋하면서 상쾌한 맛을 더하고 모르타델라와 리코타 치즈의 기름기를 줄였습니다. 완성된 판제로토는 겉은 바삭하고 속재료는 아주 따뜻해서 식욕을 당길 것입니다.

가에타산 블랙올리브 100g(일반 블랙 올리브 사용 가능)
마니토바 밀가루 250g(강력분 사용 가능)
모르타델라 소시지 120g(일반 소시지 대체 가능)
라드 60g(초리조 혹은 살라미 대체 가능)
강력분 250g
리코타 치즈 200g
설탕 5g
물 320g
드라이이스트 8g
펜넬 씨앗 분말
생바질 잎 8장
땅콩기름 1000g
소금 10g

→ **마니토바 밀가루**farina manitoba* 북미산 최상급 연한 밀로 만든 초강력분. 일반 강력분으로 대체 가능.
→ **모르타델라*** 돼지고기 기름 부분을 사각으로 썰어 넣고, 피스타치오를 비롯한 각종 향신료로 맛을 낸 이탈리아 전통 소시지.

how to

1 리넨이나 견으로 된 천에 리코타 치즈를 넣고 유청이 모두 빠져 나오도록 꼭 짜줍니다(유청을 제거하면 맛이 더 진해집니다). 리코타 치즈를 체에 내려 곱게 만들어 줍니다.

2 모르타델라 소시지를 일단 길쭉하게 자른 후 정사각형 모양으로 자릅니다. **3** 칼을 뉘어 올리브를 눌러 씨를 빼고 듬성듬성 다집니다. **4** 바질 잎을 잘게 잘라 줍니다. **5** 준비한 모든 재료와 펜넬 씨앗 분말을 그릇에 담고 잘 섞습니다. 혼합한 재료를 짤주머니에 담아줍니다.

6 작업대에 밀가루를 우물 모양으로 만들어 놓습니다. 밀가루 우물 중앙에 드라이이스트와 라드, 설탕, 물(차가운 물), 그리고 마지막으로 소금을 넣어 반죽합니다. 물이 부족하면 조금씩 추가해 충분히 반죽한 후 볼에 담아 두 배로 부풀 때까지(실온에서 약 한 시간 반 정도) 발효시킵니다. **7** 발효가 다 되면 작업대에 반죽을 옮기고 밀대로 두께가 약 1/2cm가 될 때까지 밀어 줍니다. **8** 쿠키틀로 지름 7~8cm 정도의 원형으로 성형합니다. 짤주머니에 재료들을 담아 틀 가운데 짜놓고 반으로 접어 반달 모양을 만듭니다.

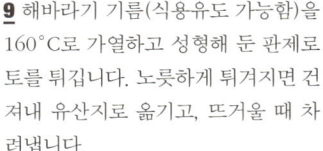

9 해바라기 기름(식용유도 가능함)을 160℃로 가열하고 성형해 둔 판체로 토를 튀깁니다. 노릇하게 튀겨지면 건져내 유산지로 옮기고, 뜨거울 때 차려냅니다.

29

스트라키노 치즈와 루콜라, 살시치아를 끼운 피아디나

 bread

길거리 음식이지만 건강하고 질도 우수한데다 무엇보다 맛이 무척 뛰어난 피아디나pia-dina는 매우 빨리 만들 수 있는 빵이라는 점이 흥미롭죠. 발효를 하지 않는 간단한 빵이고 다양한 재료를 끼워 넣을 수 있습니다. 기름기를 충분히 뺀 살시치아 소시지와 가볍고 부드러운 스트라키노 치즈, 매콤한 루콜라를 속재료로 선택했습니다.

라드 38g (초리조 혹은 살라미 대체 가능)
스트라키노 치즈 400g (브리치즈 대체 가능)
살시치아 소시지 180g (살라미로 대체 가능)
강력분 250g
물 100g
루콜라 80g
베이킹소다 1g

→ **스트라키노**stracchino* 사각형의 부드러운 치즈로 롬바르디아 지방 특산품.

how to

1 작업대에 밀가루를 우물 형태로 만들어 놓습니다. 중앙에 베이킹소다와 라드를 넣고 처음에는 손가락 끝으로 섞다가 스크레이퍼를 이용해 밀가루를 모아가며 혼합합니다. **2** 물을 한 번에 조금씩만 추가하면 반죽하기가 조금 더 수월합니다. **3** 반죽이 매끈하게 한 덩이로 뭉쳐지면 랩을 씌워 냉장고에 넣고 적어도 한 시간 이상 휴지시킵니다.

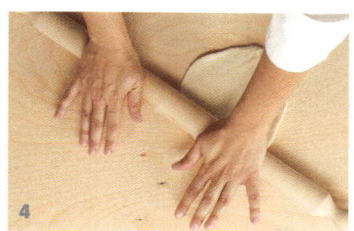  

4 휴지가 끝나면 냉장고에서 꺼내 적당히 떼어내서 동그랗게 둥글리기합니다. 피아디나를 크게 만들고 싶으면 크게, 작게 만들고 싶으면 작게 떼어내면 됩니다. 밀대로 반죽을 최대한 얇게 밀어 줍니다. **5** 파스타 커팅 롤러나 쿠키틀을 이용해 피아디나의 가장자리를 정리해 줍니다. **6** 코팅 프라이팬을 불에 올리고 열이 오르면 피아디나를 굽기 시작합니다. 반죽에 기포가 올라오면 뒤집어 반대편을 익혀 줍니다.

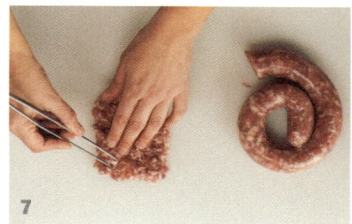  

7 주방용 핀셋을 이용해 살시치아 소시지의 기름 부분을 제거하고 코팅 프라이팬에서 몇 분 동안 볶아 줍니다. **8** 루콜라는 손으로 찢고 스트라키노 치즈는 칼로 편으로 썰어 줍니다. **9** 피아디나에 준비된 재료를 올려 줍니다.

10 프라이팬에 피아디나를 다시 올려 속재료가 데워지고 스트라키노 치즈가 녹게 합니다. 이때 루콜라가 익지 않도록 짧은 시간 동안만 데워야 합니다!

unforketable.it
VEGETABLE

야채

감자 크림과 달걀, 송로버섯

감자는 전세계적으로 재배되는 뿌리식물이라 최근 요리에서 예전의 요리까지 정말 다양한 조리법을 활용할 수 있습니다. 이 조리법에서 감자를 갈아 우유와 섞어 입자가 곱고 실크처럼 부드러운 크림처럼 만드는 데 집중했습니다. 하지만 진짜 주인공은 강한 향이 음식 전체를 지배하고, 소박한 음식인 감자를 최고의 요리로 고급화하는 송로버섯입니다. 이 음식은 크림의 양과 접시의 크기에 따라 전채 요리가 될 수도 있고 메인 요리가 될 수도 있습니다. 감자의 부드러움과 송로버섯의 아삭함이 적절히 균형을 이루도록 하려면 접시는 작고 오목한 수프 접시를 사용하는 게 좋습니다.

삶은 감자 360g
우유 1000g
물 500g
달걀 4개
송로버섯 60g
화이트 와인 식초 30g
엑스트라버진 올리브유 40g
소금

○송로버섯은 워낙 고가이고 구하기 어렵기 때문에 생양송이를 채 칼에 얇게 썰어 올리는 것도 좋은 대안이 될 수 있다.

how to

1 감자를 삶아 껍질을 벗기고 듬성듬성 자릅니다. **2** 냄비에 올리브유를 한 바퀴 두른 후 감자를 넣어 기름맛이 살짝 스미도록 합니다. 여기에 우유와 물을 넣고 끓이다가 소금으로 간을 합니다.

3 물기가 절반으로 줄어들 때까지 끓으면 불을 끄고 깊이가 있는 용기에 옮겨 담은 후 나머지 기름을 추가하고 섞어 감자 크림을 완성합니다. **4** 작은 그릇에 계란을 깨두세요. 물을 담은 냄비를 불에 올립니다. 물이 끓으면 식초를 넣고 거품기로 휘저어 소용돌이가 생기게 합니다. 소용돌이가 생겼으면 계란을 넣고 거품기로 몇 분간 계속 저으면서 노른자가 흰자에 휩싸인 전형적인 형태의 수란을 만듭니다. 거름국자로 조심스럽게 수란을 꺼냅니다. **5** 오목한 접시에 감자 크림을 담아 놓습니다.

6 수란을 조심스럽게 올립니다. **7** 송로버섯(흑송로나 백송로) 몇 조각을 올리고 올리브유를 한 바퀴 둘러 마무리합니다.

recipe 08

자르디니에라 인
아그로돌체

이번 음식은 피에몬테 전통 요리를 재해석한 것입니다. 필자는 아삭한 야채를 좋아합니다. 익혀서 보관했던 야채도 입안에서 느껴지는 상큼한 맛이 참 좋습니다. 가열은 최소한으로 줄이고 모든 채소를 따로 조리해서 각각의 질감을 유지하도록 했습니다. 개인적으로 달고 신맛이 나는 음식, 특히 맛이 너무 두드러지지는 않는 식초를 좋아합니다. 그래서 음식을 할 때 식초의 양에 무척 신경을 써서 다른 맛과 완벽한 균형을 이루게 하려고 합니다. 자르디니에라를 전채 요리로 혹은 수육의 사이드 메뉴, 파스타 샐러드나 밥에 곁들이는 음식으로 준비해 보세요. 보관은 유리 용기에 담아 식료품 저장실에 하면 됩니다. 식초가 들어가서 장기간 보관할 수 있습니다.

당근 100g
셀러리 줄기 100g
콜리플라워 200g
펜넬 200g
노란 파프리카 100g
빨간 파프리카 100g
하얀 샬롯 12개
물 1000g
화이트 와인 식초 500g
설탕 10g
월계수 잎 2장
엑스트라버진 올리브유 125g
소금 15g

how to

1 샬롯은 씻기만 하고 그대로 사용할 것입니다. **2** 당근 껍질을 벗겨 둥근 모양으로 약 1cm 두께로 썰어 둡니다.

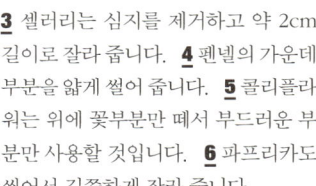

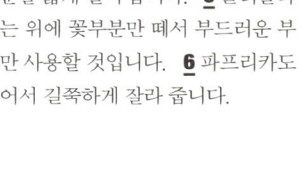

3 셀러리는 심지를 제거하고 약 2cm 길이로 잘라 줍니다. **4** 펜넬의 가운데 부분을 얇게 썰어 줍니다. **5** 콜리플라워는 위에 꽃부분만 떼서 부드러운 부분만 사용할 것입니다. **6** 파프리카도 씻어서 길쭉하게 잘라 줍니다.

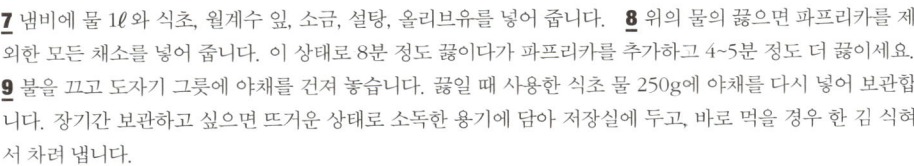

7 냄비에 물 1ℓ 와 식초, 월계수 잎, 소금, 설탕, 올리브유를 넣어 줍니다. **8** 위의 물이 끓으면 파프리카를 제외한 모든 채소를 넣어 줍니다. 이 상태로 8분 정도 끓이다가 파프리카를 추가하고 4~5분 정도 더 끓이세요. **9** 불을 끄고 도자기 그릇에 야채를 건져 놓습니다. 끓일 때 사용한 식초 물 250g에 야채를 다시 넣어 보관합니다. 장기간 보관하고 싶으면 뜨거운 상태로 소독한 용기에 담아 저장실에 두고, 바로 먹을 경우 한 김 식혀서 차려 냅니다.

러시안 샐러드

정확히는 프랑스에 기원을 두고 있는 피에몬테(이탈리아 북서쪽 끝에 위치) 정통 음식입니다. 러시아에서는 몇 십 년 동안 '모스크바 샐러드'로 혹은 이 음식을 발명했다고 추측되는 프랑스-러시아 요리사 루시앙 올리비에Lucien Olivier를 기념하기 위해 '올리비에 샐러드'라고도 불렀습니다.

이 샐러드는 처음에는 마요네즈와 생선, 굴, 캐비어, 새우나 육류를 혼합해(닭을 비롯한 조류) 차갑게 먹는 음식이었는데 시간이 지나면서 생선과 육류 대신 저렴한 야채들을 사용하게 됐습니다.

이 음식은 하나만 차려내도 되고, 신선한 전채 요리로도 낼 수 있습니다. 모든 재료의 조리를 별도로 하고, 이 샐러드의 절대적인 주인공인 마요네즈 소스는 가볍게, 다른 재료들과 균형을 이루도록 해야 합니다.

미니 오이 3개 (미니 오이를 구하기 힘들면 큰 오이를 잘라 사용)
클래식 마요네즈(40~41페이지 참조) **40g**
아스파라거스 6줄기
엑스트라버진 올리브유 15g
화이트 와인 식초 50g
감자 200g
당근 80g
강낭콩 80g
완두콩 50g
소금
후추

how to

1 피클용 작은 오이를 길이 방향으로 얇게 썰어 줍니다. **2** 감자 껍질을 벗겨 깍둑썰기합니다. **3** 당근도 껍질을 벗겨 깍둑썰기합니다. **4** 강낭콩을 꺼내 잘게 잘라 줍니다. **5** 감자칼로 아스파라거스 밑둥의 단단한 부분을 제거하고 손가락 한 마디 간격으로 잘라 줍니다. **6** 끓는 물에 식초를 넣은 후 야채를 각각 따로 넣어 익힙니다. 다 익으면 곧바로 식혀 남은 열로 너무 익거나 산화되지 않게 해 줍니다. 이런 식으로 따로 조리하면 야채의 색과 아삭한 식감이 유지됩니다. 당근과 완두콩은 3분, 강낭콩과 감자는 5~6분, 아스파라거스는 5분 정도 익히면 됩니다.

7 모든 야채를 다 익혔으면 소금과 약간의 올리브유, 식초로 간을 해 줍니다.
8 마요네즈를 추가해 잘 섞어 줍니다.
9 평평한 접시를 사용하고, 모양이 잘 잡히도록 둥근 쿠키틀을 이용해 샐러드를 담으세요.

마요네즈

 기본 & 기교

마요네즈의 기원이 어딘지는 별로 중요하지 않습니다. 중요한 것은 수많은 소스의 여왕이라는 점입니다. 달걀을 지방 성분인 기름과 차가운 상태로 융화시키면 크림같이 부드러우면서도 단단한 독특한 소스가 탄생합니다. 타르타르 소스(케이퍼와 파슬리를 넣고 만듦), 아이올리(마늘 추가), 로사 소스(케첩 추가), 참치 소스(참치 소스에 마리네이드한 송아지 고기 요리법은 188~189 페이지 참고)를 비롯한 수많은 소스가 마요네즈를 기본으로 한 것입니다. 손으로 마요네즈를 탄생시키는 마법의 포인트는 계속 한 방향으로만 젓는 것입니다. 하지만 방망이형 믹서기를 사용하면(기름과 믹서 자체도 차가운 상태를 유지하는 것이 좋습니다) 실패할 확률이 없습니다. 기본적인 방법으로 만든 마요네즈와 달걀노른자를 뺀 조금 더 가벼운 스타일의 마요네즈, 두 가지를 준비했습니다.

혹시 집에 별로 신선하지 않은 엑스트라버진 올리브유가 있다면 해바라기유 대신 사용해도 되고, 그 밖에 다른 종류의 가볍고 진하지 않은 기름을 사용해도 됩니다. 사용량은 모두 동일합니다.

클래식 마요네즈 재료
해바라기 기름 250g(식용유 사용 가능)
달걀 2개
화이트 와인 식초 25g
소금 5g

라이트 마요네즈 재료
달걀흰자(4개 분량) 50g
화이트 와인 식초 7g
사과 식초 7g
해바라기 기름 100g
소금 2.5g

how to

클래식 마요네즈

1 계란을 깨서 컵에 담으세요. 계란의 온도는 실온과 같아야 합니다. **2** 비커 형태의 용기에 계란을 옮겨 담고 해바라기 기름을 넣으세요. **3** 방망이형 믹서기를 용기 바닥까지 깊이 집어 넣고 움직이지 말고 가만히 믹서기를 작동합니다. 조금씩 믹서기를 위쪽으로 들어 올립니다. 계란과 기름이 안정적으로 혼합되면 식초와 소금을 추가하고 다시 한 번 믹서기를 돌려 단단하게 크림화합니다.

라이트 마요네즈

1 넉넉한 용기에 계란을 깨서 담으세요. **2** 노른자를 분리해 줍니다. 노른자를 분리하는 방법은 여러가지가 있는데 계란을 한 손에 담은 후 손가락을 살짝 벌린 상태로 다른 손으로 옮기는 게 쉽습니다. **3** 흰자와 기름을 원통형 용기에 담아 줍니다. **4** 방망이형 믹서기를 용기 바닥까지 넣고 움직이지 말고 가만히 믹서기를 작동시킵니다. 믹서기를 조금씩 위로 들어 올리세요. 계란과 기름이 안정적으로 혼합되면 식초와 소금을 추가하고 다시 한 번 믹서기를 돌려 단단하게 크림화합니다.

recipe 11

페코리노 치즈와
주키니 호박,
민트로 만든 팔로테

간단하지만 고도의 기술로 만들어진 재료들을 사용하는 음식입니다. 만들기 쉽고, 재료를 재활용할 수도 있는 요리입니다. 팔로테는 페코리노 치즈 맛이 나는 바삭한 빵을 작고 동그랗게 빚은 것입니다. 준비 과정은 육수 없이 가열한 아주 부드럽고 달콤한 주키니 호박 크림만 만들면 거의 완성입니다. 음식 중에서도 특히 야채의 존재감과 순수함을 지키는 것을 중요하게 생각합니다. 액체와 지방이 들어가는 육수를 추가하면 주키니 호박의 섬세하고 소박한 맛이 너무 많이 변할 수 있습니다. 여기서 소개하는 방식으로 만들면 쉬우면서 무척 신선하고 흥미로운 요리가 나올 것입니다.

팡드미 400g
달걀 2개
우유 200g
페코리노 치즈 140g
레몬 제스트 6g
레몬즙 15g
엑스트라버진 올리브유 100g
생민트 3잎
주키니 호박 200g
땅콩기름 400g
소금

→ **팡드미*** 이탈리아어로는 pan carrè(팡카레), 프랑스 빵의 한 종류로, 설탕의 단맛이 두드러지는 빵으로 샌드위치나 토스트용으로 많이 사용됨.

how to

1 빵의 딱딱한 부분을 제거하고 빵의 속부분만 대충 사각형 모양으로 자릅니다. **2** 빵 조각들을 볼에 담고 우유를 넣어 적십니다. **3** 계란과 갈아 놓은 페코리노 치즈, 레몬 제스트, 레몬즙 그리고 마지막에 민트 잎 3장을 손으로 찢어 넣으세요. 모든 재료를 잘 섞은 후 비닐랩이 재료와 닿도록 덮어 냉장고에서 한 시간 동안 휴지시킵니다.

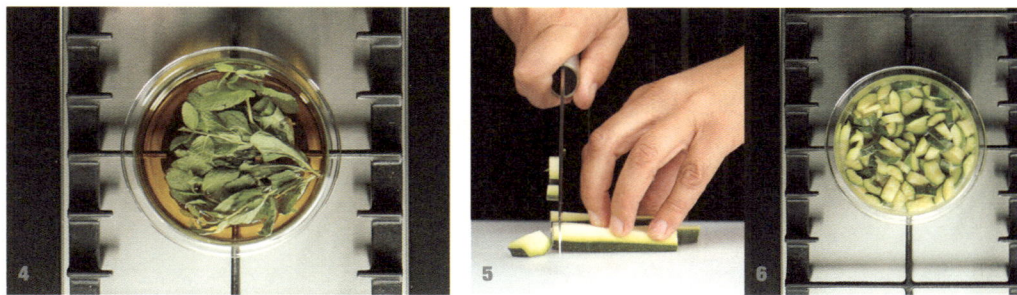

4 휴지를 하는 동안 허브 오일을 준비할 것인데 만드는 방법은 냄비에 올리브유와 민트 잎을 넣고 기름에 기포가 올라오자마자 불을 끄고 체에 걸러서 식히면 됩니다. **5** 주키니 호박을 씻어 양끝을 잘라내고 반을 갈라 가운데 씨가 있는 부분을 잘라 둡니다. 그리고 사방 약 1cm 크기로 깍둑썰기합니다. **6** 냄비를 불에 올리고 기름을 한 번 둘러준 후 썰어 놓은 주키니 호박을 넣고 몇 분 동안 가만히 둬서 약간 그을립니다. 약간의 물을 넣고 호박을 완전히 익힙니다. 믹싱볼에 익힌 호박을 옮기고 방망이형 믹서로 갈고 소금으로 간을 합니다.

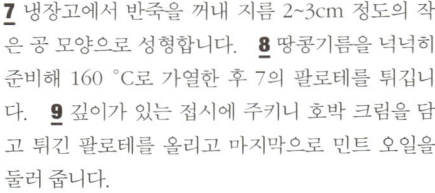

7 냉장고에서 반죽을 꺼내 지름 2~3cm 정도의 작은 공 모양으로 성형합니다. **8** 땅콩기름을 넉넉히 준비해 160 °C로 가열한 후 7의 팔로테를 튀깁니다. **9** 깊이가 있는 접시에 주키니 호박 크림을 담고 튀긴 팔로테를 올리고 마지막으로 민트 오일을 둘러 줍니다.

속을 채운 감자, 파타타 리피에나

감자가 주재료이자 그릇의 역할도 하는 음식입니다. 오븐에 구워 겉면이 바삭해진 감자를 작은 상자처럼 활용해 안에 필링을 채워 넣을 것입니다. 완벽한 요리를 완성하려면 전분이 많고 단단한 감자를 사용해야 합니다.

이 요리의 핵심은 감자 겉면의 바삭함과 안에 넣은 속재료의 부드러움의 관계입니다. 진하고 풍부한 소스가 부드러움을 더하면서 투박해 보이는 이 음식의 모든 재료를 하나로 어우러지게 해줄 것입니다.

판체타 햄(1조각) 25g (베이컨으로 대체 가능)
모르나이 소스(62~63페이지 참조) 220g
큰 감자 4알
카치오카발로 치즈 80g
시금치 100g
굵은 소금

how to

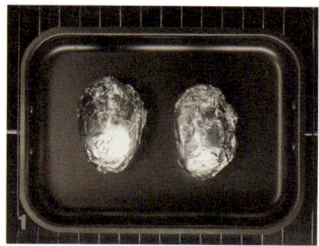 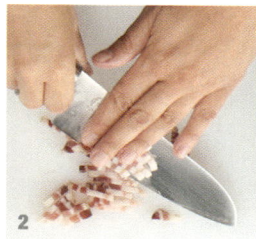 

1 단단한 감자를 골라 깨끗하게 씻은 후 물기를 제거해 줍니다. 그리고 알루미늄 호일로 감싸 160 °C의 오븐에서 한 시간 정도 구워 줍니다. 굽는 시간은 감자의 크기에 따라 조절해야 합니다. **2** 감자를 굽는 동안 속재료를 준비합니다. 판체타 햄을 길게 잘라줍니다. **3** 카치오카발로 치즈의 껍질을 제거하고 주사위 모양으로 자릅니다.

4 코팅 프라이팬에 기름을 두르지 않고 아주 낮은 불에서 판체타 햄을 구워 줍니다. **5** 체를 이용해 불필요한 기름기를 제거합니다. 이렇게 하면 요리가 훨씬 가벼워집니다. **6** 시금치를 씻어 코팅 프라이팬에서 몇 초 동안만 가열하고 굵은 소금을 조금 넣습니다. 이런 방법을 이용하면 시금치의 맛과 질감이 유지 됩니다.

7 볼에 시금치와 판체타햄, 카치오카발로 치즈를 넣고 섞습니다. **8** 오븐에서 감자를 꺼내 윗부분의 호일만 걷어내고, 드러난 부분의 껍질도 벗겨냅니다. 스쿱 같은 도구를 이용해 감자의 가운데 부분을 파냅니다. **9** 파낸 부분을 준비한 속재료로 채웁니다. **10** 모르나이 소스를 위에 뿌려 줍니다. **11** 180 °C로 예열한 오븐에 감자를 다시 넣어 10분간 구우면 됩니다. 완성되면 오븐에서 감자를 꺼내 호일을 다 벗겨내고 접시에 담아 차려냅니다.

무청과 페코리노 치즈로 만든 폴페타

무청의 아린 맛은 페코리노 치즈의 톡 쏘는 맛으로 연해지고, 우유에 적신 빵이 달걀과 함께 부드럽게 씹히는 음식입니다. 작은 크기로 만들면 만들기도 쉽고 간식이나 안주, 전채 요리로 먹을 수 있으며, 야채의 종류를 바꾸면 메인 요리도 될 수 있습니다. 필자는 작은 폴페타를 좋아하지만, 크기는 얼마든지 조절할 수 있고 채식 버거 같은 것도 만들 수 있습니다. 페페론치노 고추가 마지막으로 강한 맛을 선물할 것입니다.

무청 500g
팡드미 40g
우유 60g
달걀 1개
페페론치노 1꼬집
세몰라 100g
마늘 1/4쪽
땅콩기름 500g
달걀흰자 10g
소금
페코리노 로마노 치즈 60g
엑스트라버진 올리브유 20g

how to

1 냄비에 물을 끓여 무청을 몇 분 동안만 삶아 줍니다. 무청을 건져 물기를 꼭 짜줍니다. **2** 무청을 칼로 아주 잘게 다진 후 필요한 양만 덜어 둡니다(160g). **3** 우유를 담은 그릇에 빵을 넣어 적십니다.

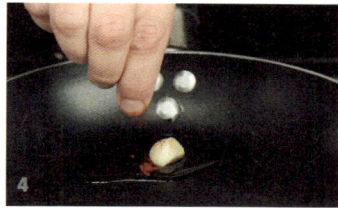 

4 코팅 프라이팬에 기름과 마늘, 페페론치노 고추를 하나 넣고 가열합니다. **5** 무청을 넣고 물기가 다 날아가도록 볶습니다. 여기에 우유에 적셨던 빵을 넣고 빵이 너무 짓이겨지지 않을 정도로만 섞은 후 5분간 더 조리합니다.

6 무청을 볼에 담고 달걀과 페코리노 치즈, 소금, 흰자를 넣으세요(흰자는 반죽이 그다지 부드럽지 않을 때 추가합니다). **7** 모든 재료가 잘 섞이면 동그란 공 모양으로 빚어 세몰라 가루를 묻혀 줍니다. **8** 냄비에 땅콩기름을 넉넉하게 부어 160°C로 가열합니다. 빚어 놓은 폴페타를 튀긴 후 기름에서 건져내 유산지에 올려 놓습니다.

파르미지아노 소스를 넣은 주키니 플랜

이 음식은 간단하지만 애호박의 달콤한 맛과 파르미지아노 치즈의 강한 맛이 만나 강함과 부드러움을 동시에 느낄 수 있습니다. 이 요리의 비법은 지방을 넣지 않고 가볍고 깨끗한 재료를 사용하는 것입니다. 호박으로만 만든 플랜이라 달콤함과 크림 같은 부드러움을 맛볼 수 있습니다. 여기에서는 이 크림같이 고운 미니 플랜을 강한 맛이 나는 파르미지아노 레지아노 크림과 함께 차려냅니다. 파르미지아노 레지아노 크림에는 물을 사용합니다. 달콤함과 치즈 맛이 대조되도록 하는 것이 핵심인데, 생크림이나 우유를 사용하면 파르미지아노의 치즈 맛이 연해지거나 달아지기 때문입니다.

→ **플랜flan*** 이탈리아어로는 스포르마토sformato, 일반적으로 커스터드에 과일, 야채, 고기 등을 갈아 혼합해 틀에 넣어 둥근 모양으로 만드는 음식.

파르미지아노 레지아노 치즈 125g (파마산 치즈)
엑스트라버진 올리브유 25g
애호박 200g
생크림 120g
파 10g
달걀 1개
물 100g
마조람
소금

how to

1 파를 잘게 썰고 잎부분도 어느 정도 남겨 둡니다. **2** 호박을 반으로 가른 후 깍둑썰기합니다. **3** 코팅 프라이팬에 약간의 기름을 두르고 파를 볶다가 숨이 죽으면 호박을 넣어 줍니다. 소금으로 간을 하고 20분간 익힙니다. 야채들이 탈 것 같으면 물을 조금 넣어 줍니다. 유산지로 프라이팬을 덮고 테두리 부분을 잘 여며두면 증기가 새나가는 것을 막을 수 있습니다. 야채들의 숨이 다 죽었으면 불을 끄고 식혀 줍니다.

4 생크림을 살짝 데웁니다. 믹서용 컵에 호박을 넣고 한 후 생크림을 넣고 다시 한 번 갈아 줍니다. 달걀을 넣고 또 한 번 갈고, 소금으로 간을 합니다. **5** 호일 베이킹컵에 올리브유를 한 번 두르고 4의 호박 혼합물을 붓습니다.

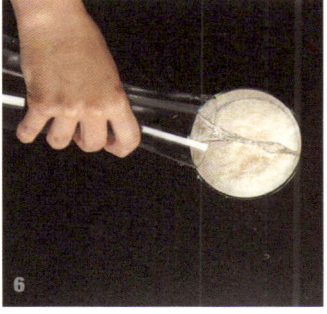 

6 올리브유와 파르미지아노 치즈, 물을 섞어 소스를 만듭니다. 소스를 조금 더 가벼운 스타일로 만들고 싶으면 올리브유를 빼세요. **7** 찜통을 불에 올리고 물이 끓으면 호일베이킹컵을 넣으세요. 뚜껑을 덮고 12분 정도 쪄 줍니다. 이 플랜은 찜통 외에 증기식 오븐에서도 만들 수 있습니다. 120 °C의 온도에서 40분 정도 익히면 됩니다.

8 냄비에 파르미지아노 소스 재료를 넣고 데웁니다. **9** 플랜이 뜨거울 때 접시에 담고 파르미지아노 소스와 마조람 잎을 몇 장 올려 장식해 완성합니다.

근대와 셀러리, 사과를 넣은 스프

기존의 스프에 대한 개념을 깨는 아주 신선한 음식입니다. 조리를 금방 하기 때문에 재료들의 특성을 지킬 수 있습니다. 일반적으로는 야채로 만든 육수를 사용하지만 사과를 갈아 넣어 달콤함과 신맛이 동시에 나게 했습니다. 필자는 음식을 익힐지 날것으로 사용할지를 결정하고, 이 두 가지 상태를 어우러지게 하는 것을 좋아합니다. 믹서 대신 착즙기나 저온 슬로우 주서slow juicer를 사용하면 모든 영양 성분과 사과의 비타민까지 거의 온전히 유지할 수 있고, 더 건강한 요리가 될 수 있습니다.

그라니 스미스(granny smith) 사과 2개(청사과로 대체 가능)
생 페페론치노 0.25g(고추로 대체 가능)
엑스트라버진 올리브유 30g
근대 100g
셀러리 70g
삶은 감자 150g
시금치 50g
화이트 와인 60g
마늘 1쪽
레몬즙 30g
민트 잎 2장
타임 1/2가지
마조람 잎 4장
소금

how to

1 근대를 씻은 후 아주 가늘게 썰어 놓습니다. **2** 셀러리를 씻어 감자칼로 섬유질이 질긴 부분을 제거하고 손가락 한 마디 크기로 자릅니다. **3** 감자도 껍질을 벗겨서 깍둑썰기합니다. **4** 칼날의 넓은 부분(칼의 안쪽부분)으로 허브 잎들을 다집니다.

5 사과를 잘라 갈아 줍니다. 사과가 다 갈리면 레몬즙을 추가해 신맛을 더하고 갈린 사과가 산화되어 갈변되지 않게 합니다. **6** 냄비를 불에 올리고 기름을 두른 후, 마늘과 페페론치노 하나를 통째로 넣으세요. 기름에 열이 올으면 셀러리를 넣고 4분간 볶습니다. **7** 근대를 추가해서 5분간 더 볶습니다. 감자를 넣고 마지막으로 시금치도 씻어서 넣습니다. 이때 야채들이 익는 시간을 지키는 것이 중요합니다. 익기는 했지만 아삭거리는 상태를 유지해야 합니다.

8 야채에서 나온 채수가 졸아들면 화이트 와인을 넣고 증발시킵니다. 알코올이 다 날아갈 때까지 뒀다가 불을 끕니다. **9** 실온에 두었던 사과를 추가합니다. 사과를 넣은 후 곧바로 깊이가 있는 접시에 담고 올리브유와 다져 놓은 향신료들로 양념합니다.

보리, 아티초크, 민트 스프

아티초크를 주재료로 한 따뜻하고 든든한 겨울 음식입니다. 필자는 아티초크 중에서 육질이 많고 단단하고 향긋한 로마네스크 아티초크를 좋아합니다. 이 음식에서는 아티초크를 두 가지 방법으로 조리할 건데 한 가지는 삶아서 곱게 갈아 고운 크림을 만드는 방법이고, 다른 한 가지는 잘게 잘라 마지막 단계에 넣어 거의 익지 않은 상태로 입안에서 아삭거리도록 하는 방법입니다. 로즈마리와 마늘을 사용해 강한 맛을 내고 아티초크의 독특한 향이 두드러지게 합니다. 만들기도 쉬우면서 식욕을 돋우고 마지막에 굉장히 개운한 맛을 남기는 음식입니다.

아스코르브산(비타민 C) 3g
엑스트라버진 올리브유 25g
보리 100g
아티초크 8송이
마늘 1/2쪽
로즈마리 1가지
민트 잎 4장
화이트 와인 25g
물 150g
소금

how to

1 아티초크를 씻어서 아스코르브산을 넣은 물에 담가 둡니다. 이렇게 하면 갈변이 방지됩니다. 아티초크 네 송이를 잘게 잘라 줍니다. **2** 로즈마리를 씻어 잘게 자릅니다.

3 마늘 껍질을 벗겨 반으로 자릅니다. **4** 물을 담은 냄비를 불에 올려 끓으면 자르지 않은 아티초크 네 개를 넣고 익혀 줍니다. **5** 아티초크가 익으면 믹서용 컵에 넣고 갈아 줍니다. 너무 되직하면 물을 추가해도 됩니다. 맛이 강한 크림을 만들려면 아티초크를 삶았던 물을 넣어도 됩니다. **6** 넉넉한 양의 소금물에 보리를 넣고 10분 정도 익힌 후 꺼냅니다.

7 프라이팬을 불에 올려 기름을 두르고 마늘과 로즈마리를 넣습니다. 익히지 않은 다진 아티초크를 추가합니다. 소금을 넣고 화이트 와인을 부어 줍니다. 3분 정도 익도록 둡니다. 물을 더 넣고 끓을 때까지 두세요. **8** 보리와 아티초크 크림을 섞은 후 2분간 더 익힙니다. **9** 깊이가 있는 접시에 옮겨 담고 올리브유와 민트 잎을 얹어 줍니다.

감자, 셀러리, 살시치아 소시지 스프

스프는 장시간 푹 익히거나 거의 그런 상태가 되도록 오랜 시간 끓여야 하는 음식이라는 선입견을 깨보도록 합시다. 그렇다고 완전히 생식을 하는 것은 아니고, 가능하면 조리를 덜 하고 모든 재료를 따로 조리해 각각의 영향 성분을 지키는 것이 핵심입니다. 독특한 단맛을 내는 파는 프라이팬에 잠깐 볶고, 살시치아 소시지는 기름을 제거합니다. 감자는 넉넉한 양의 소금물에 삶으면 됩니다. 이렇게 따로 조리한 재료들을 어우러지게 하는 것은 신맛이 나는 정말 신선한(냉장 보관한 것이 아니라 실온에 있던) 셀러리 즙입니다.

살시치아 소시지 100g (살라미로 대체 가능)
엑스트라버진 올리브유 10g
아스코르브산(비타민 C) 5g
삶은 감자 100g
셀러리 100g
효모빵 75g
파 15g
로즈마리 1가지
땅콩기름 50g

how to

1 파를 잘게 썰어 줍니다.
2 감자는 껍질을 깎아 사각형으로 자릅니다.

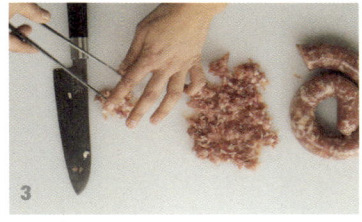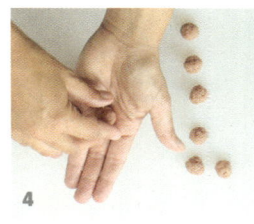

3 살시치아 소시지의 반을 갈라 핀셋을 이용해 지방을 제거해 줍니다. 껍질(창자)을 제거하고 커터로 빠른 속도로 갈아 줍니다. 크림화가 되기 때문에 재빨리 해야 합니다. **4** 지방을 제거한 살시치아 소시지를 15g으로 분할해 작은 공 모양으로 빚으세요. **5** 셀러리의 줄기 부분을 세척하고 감자칼로 겉 부분의 질긴 섬유질을 잘라낸 후 일부만 깍둑썰기합니다.

6 셀러리의 즙을 내면서 아스코르브산을 약간 넣어 즙이 산화되어 갈변되지 않도록 합니다. **7** 빵 껍질을 제거하고 부드러운 속살만 주사위 모양으로 잘라줍니다. **8** 프라이팬에 기름을 두르고 잘라둔 빵조각이 갈색이 되도록 튀깁니다. 다 튀겨지면 유산지 위에 건져내 줍니다. **9** 코팅 프라이팬에 기름을 두르지 않고 4의 살시치아 겉면만 익혀 육즙이 빠져나오지 않도록 합니다. **10** 파와 로즈마리를 끓이세요. 소금으로 간을 합니다. **11** 감자와 살시치아 미트볼을 추가하고 2~3분 동안 간이 배도록 두세요. **12** 스프 접시에 담고 셀러리 즙을 부은 후 튀겨 놓은 빵을 올려 마무리합니다.

unforketable.it

PASTA DRY & FRESH

건파스타
& 생파스타

닭고기와 페코리노 치즈 소스 부카티니

페코리노 치즈와 닭고기, 이 두 가지가 주재료입니다. 두 재료의 조합이 만들기는 쉽고 맛은 아주 좋은 음식을 탄생시킵니다. 액체처럼 보이는 닭고기 소스가 부카티니의 조리를 마무리하는 바탕입니다. 부카티니는 가운데 구멍이 뚫려 있어 특히 액체 소스가 잘 스며드는 재미있는 파스타입니다. 전체적으로 간단하지만, 각각 별도로 조리한 재료들과 육즙을 품은 고기, 깊은 풍미에 포마드를 올리기 좋은 강도의 치즈를 사용해 얻은 맛의 강도와 농도가 이 음식의 매력입니다.

닭 다리 살 600g(마트에서 살만 구매 가능)
부카티니 360g
마늘 1+1/2쪽
당근 1+1/2개
셀러리 줄기 1+1/2
화이트 와인 150g
물 300g
화이트 와인 식초 8g
페코리노 로마노 치즈 24g
엑스트라버진 올리브유 15g
고운 소금과 굵은 소금

how to

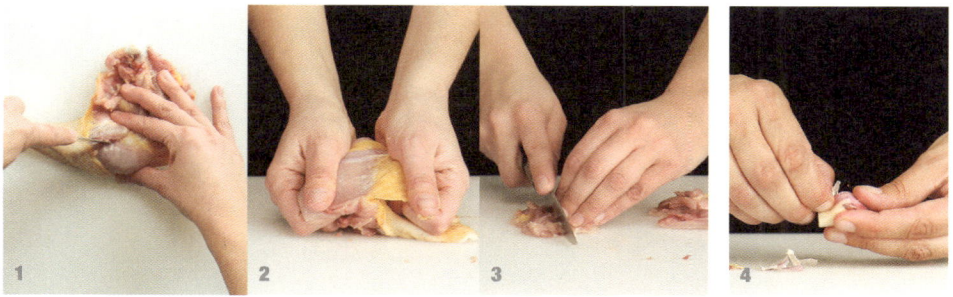

1 닭 다리 뼈를 따라 세로 방향으로 칼질을 해서 뼈를 발라냅니다. **2** 껍질을 제거해 줍니다. **3** 발라 놓은 닭 다리 살을 대충 잘라 줍니다. **4** 마늘을 씻어 둡니다.

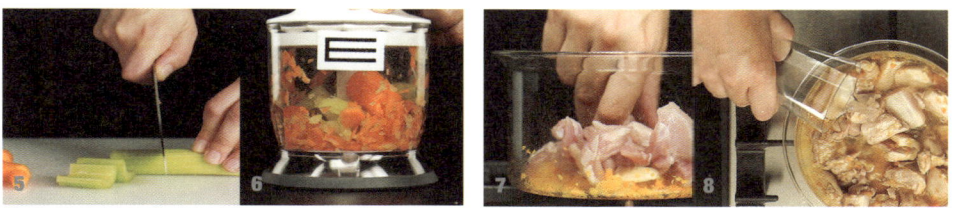

5 당근과 셀러리를 씻어 껍질을 벗긴 후 듬성듬성 자릅니다. **6** 당근과 셀러리를 준비한 재료들을 커터에 넣고 갈아 줍니다. **7** 냄비에 약간의 엑스트라버진 오일을 두르고 갈아 놓은 당근과 셀러리, 마늘을 넣고 볶은 후 재료가 잘 익도록 몇 분간 두세요. 닭 다리 살을 넣어 맛이 배게 합니다. **8** 화이트 와인과 식초를 넣어 잡냄새를 없애고, 물을 넣은 후 소금으로 간을 맞춥니다. 불을 아주 약하게 줄이고 유산지를 덮어 냄비의 수분이 최대한 빠져나가지 않도록 합니다. 45분 동안 푹 끓입니다.

9 조리가 끝나면 집게로 닭 다리 조각을 꺼내세요. 이 닭 다리 살은 다른 요리에 사용해도 됩니다. **10** 완성된 소스를(300g 정도) 프라이팬에 부으세요. **11** 냄비에 물을 넉넉하게 받아 소금을 넣고 부카티니를 2/3 정도만 익혀 줍니다. **12** 부카티니를 곧바로 10의 프라이팬에 넣습니다. 수분이 부족한 것 같으면 부카티니를 삶던 물을 몇 수저 추가합니다. 불을 끄고 페코리노 치즈를 넣어 거품이 생기도록 휘저어 줍니다. 뜨겁게 데운 접시에 차려 내고, 약간의 소금과 페코리노 치즈를 뿌려 마무리합니다.

카넬로니

이번 요리는 전통적인 '일요일 메뉴'를 제 방식대로 해석한 것입니다. 가볍고 우아한 요리에 초점을 두어 불필요한 유질은 제거하고 전통적인 장시간의 조리 방식은 피했습니다. 이 카넬로니는 구운 고기와 데친 근대로 만든 부드러운 속을 채워 가벼운 크레페입니다.

튀긴 재료도 전혀 없고 지방도 전혀 없고, 그저 믹서로 간 후에 근대와 혼합한 살코기만 사용합니다. 가벼운 베샤멜라 소스가 수분을 주고, 토마토가 들어가 색감도 예쁘고 전체적인 풍미도 높아집니다.

강력분 100g
우유 100g
달걀 2개
물 50g
버터 10g
토마토 퓌레 200g
마늘 1쪽
바질 잎 1장
엑스트라버진 올리브유 15g

속재료
소금
우둔살 200g
셀러리 15g
당근 15g
양파 15g
근대 50g
오렌지 제스트
세이지잎 2장
화이트 와인 40g
엑스트라버진 올리브유 20g
베샤멜라(62~63페이지 참조) 40g
파르미지아노 레지아노 치즈 15g(파마산 치즈)

how to

1 우둔살을 씻으면서 여분의 기름기를 잘라내고 사방 2~3cm 크기로 깍둑썰기합니다. **2** 양파와 당근, 셀러리는 씻은 후 껍질을 제거하고 듬성듬성 자릅니다. **3** 냄비를 불에 올리고 기름을 한 바퀴 두른 후 양파와 당근, 셀러리를 넣고 세이지를 추가해 향이 어우러지게 합니다. 약한 불에서 몇 분간 끓입니다. **4** 다른 팬에 기름을 한 바퀴 두르고 고기가 갈색이 나도록 볶아 줍니다. 수분이 없어지기 시작하면 끓여 놓은 야채를 넣으세요. **5** 냄비의 열이 다시 오르면 화이트 와인을 붓고 증발시킵니다. 물을 넣고 냄비 입구를 유산지로 꼼꼼하게 덮으세요. 한 시간 동안, 고기가 부드러워질 때까지 끓입니다. **6** 다 끓인 후에는 집게로 고기를 꺼내(야채와 소스를 꺼내지 않도록 주의할 것) 다른 그릇에 담아 식혀 줍니다. **7** 코팅 프라이팬에 기름을 두르고 마늘을 넣어 갈색이 날 때까지 볶다가 토마토 퓌레를 넣어 줍니다. 마늘은 건져내고, 손으로 잘게 찢은 바질을 넣고 소금으로 간을 한 후, 5분간 더 끓입니다. 이렇게 토마토 소스가 완성되면 한쪽에 둡니다. **8** 끓는 소금물에 근대를 넣고 1분간 데친 후 식혀 줍니다.

9 볼에 달걀과 우유, 체에 친 밀가루를 넣고 섞어 크레페 반죽을 준비합니다. 물로 농도를 조절하면서 잘 섞어 30분 동안 휴지합니다. **10** 코팅 프라이팬을 불에 올리고 약간의 버터를 바른 후 곧바로 키친 타월로 닦습니다. 프라이팬을 불에서 내리고 크레페 반죽을 한 국자 부은 후 팬을 다시 불에 올리고 윗 표면에 기포가 나타나기 시작하면 바로 뒤집어 줍니다. 10초간 익히다가 꺼내고 앞서 버터를 흡수시킨 키친타월로 프라이팬을 한 번씩 훔쳐가면서 나머지 크레페를 구우면 됩니다. **11** 커터에 고기와 물기를 짠 근대, 오렌지 제스트, 소금, 실온의 베샤멜라 소스를 넣고 갈아 줍니다. 반죽이 뻑뻑할 경우 베샤멜라 소스를 추가해 가면서 갈면 됩니다.

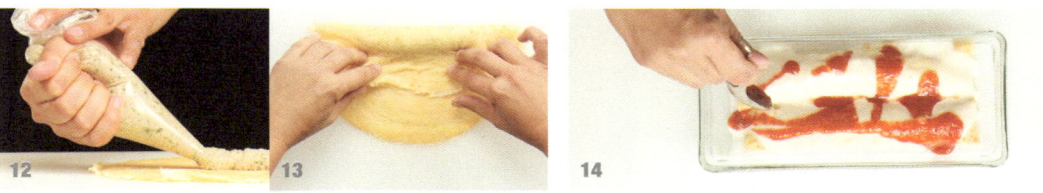

12 짤주머니에 반죽을 담아 크레페 중앙에 짜줍니다. **13** 춘권을 만들 때처럼 돌돌 말아 줍니다. 롤의 양끝을 잘라내고 유산지를 깐 내열 용기에 옮겨 담아 냅니다. **14** 롤에 베샤멜라 소스와 토마토, 파르메산 치즈 가루를 뿌리고 170°C 오븐에서 9분간 구워 줍니다.

recipe 20

베샤멜라와
모르나이 소스

베샤멜라는 프랑스 요리에서 중요한 기본 재료입니다. '화이트 소스'라고도 하는데 역사가 꽤 깊습니다. 루roux(버터와 밀가루를 끓여 만든 반죽)를 천천히 녹여 만든 우유 소스로 시작된 베샤멜라는 응용 분야도 상당히 넓고 변형된 조리법도 많습니다. 베샤멜라의 변형 레시피도 굉장히 많고 고급스럽지만, 특별히 우유와 밀가루, 버터, 소금이 들어가는 기본형에 제 레시피를 혼합한 방법을 여러분께 제안해 봅니다(정통 베샤멜라보다 조금 더 가벼운 스타일입니다). 바로 모르나이Mornay 소스입니다. 우유와 밀가루, 버터, 소금에 달걀 노른자와 파르미지아노 치즈 가루를 추가된 소스입니다.

베샤멜라 재료
우유 200g
밀가루 15g
버터 15g
소금

모르나이 소스 재료
우유 200g
밀가루 15g
버터 15g
달걀 노른자 1
소금
파르미지아노 레지아노 치즈 30g(파마산 치즈)

how to

베샤멜라

1 냄비에 버터를 넣습니다. **2** 버터가 녹으면 밀가루를 넣고 천천히 볶아 줍니다. 이때 주의할 점은 밀가루가 덩어리지지 않게 잘 풀어줘야 하는 것입니다. **3** 우유와 소금을 섞고 약 15분 동안 약한 불에서 계속 저으면서 끓이세요. 완성된 베샤멜라 소스는 점도가 부드러워야 하고 덩어리진 것이 없어야 합니다.

모르나이 소스

1 베샤멜라와 똑같은 방법으로 시작합니다. 베샤멜라 소스의 점도가 잘 나왔으면 불을 끕니다. **2** 달걀을 추가하고 거품기로 잘 섞어 줍니다. **3** 갈아 놓은 파르미지아노 치즈도 혼합합니다. **4** 소스가 식었을 때 막이 생기지 않도록 랩을 소스에 밀착시켜 덮어줍니다.

생토마토를 곁들인 화이트 소스 그라티나토 부팔라 카넬로니

pasta dry & fresh

이 음식은 코스 식사 중 첫 번째로 차려내는 메뉴인데 만들기가 정말 간단합니다. 하지만 아주 특별한 재료로 시작합니다. 전통적인 버전과 훈제한 버전, 이 두 가지 버전의 부팔라 모차렐라 치즈가 바로 그 주인공입니다. 두 모차렐라 치즈가 합쳐지기 때문에 훈제의 쓴맛이 리코타 치즈 크림으로 연해집니다. 신선하고 수분이 덜한 토마토를 사용해, 치즈의 양이 많아 자칫 너무 기름지거나 무거울 수 있는 음식에 상큼함과 가벼움을 주는 방법을 선택했습니다. 여기서 소개하는 레시피를 이용하면 풍미와 깊이가 있는 결과물을 얻을 수 있습니다.

라마토 토마토 4개(체리 토마토로 대체 가능)
파르미지아노 레지아노 치즈 40g(파마산 치즈)
부팔라 리코타 치즈 240g(꼭 부팔라 치즈가 아니어도 됨)
부팔라 모차렐라 치즈 80g
만두형 파스타용 반죽(76~77페이지 참조) 400g
훈제 부팔라 모차렐라 치즈 4개
버터 30g
생바질잎 3개
엑스트라버진 올리브유 15g
고운 소금과 굵은 소금

how to

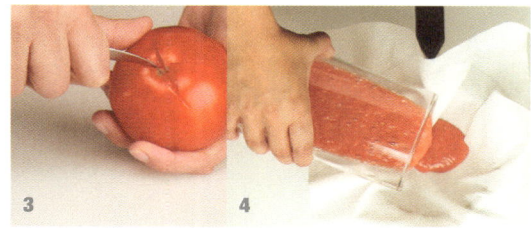

1 훈제 모차렐라와 일반 모차렐라를 주사위 모양으로 자르고 치즈의 물기가 음식을 망칠 수 있으니 체에 걸러 줍니다. **2** 리넨보나 조직이 촘촘한 면 캔버스 천으로 리코타 치즈를 감싸 꼭 짜줍니다. 리코타 치즈에 유청이 너무 많이 남아 있으면 파스타를 망칠 수 있습니다. 1의 모차렐라 치즈와 리코타 치즈를 섞어 줍니다. 섞은 치즈를 짤주머니에 담아 두세요. **3** 토마토에 십자로 칼집을 내줍니다. 끓는 물에 10초간 담갔다가 꺼내 찬물에 담그세요. 칼집을 이용해 껍질을 벗기고 볼에 담아 방망이형 믹서로 갈아 줍니다. **4** 여과기나 면포를 이용해 과육만 남기고 수분을 짜 줍니다.

5 파스타 제면기를 이용해 반죽을 아주 얇게 밀어 길이가 약 15cm 정도 되는 직사각형으로 자릅니다. **6** 끓는 물에 소금을 넣고 준비된 면을 몇 분 동안만 삶으세요. 건져낸 면을 얼음물(혹은 아주 차가운 물)에 담가 더 이상 익지 않게 합니다. 면으로 된 천이나 흡습지로 물기를 잘 닦아 놓습니다. **7** 짤주머니를 이용해 반죽면 위에 리코타, 모차렐라 치즈 섞은 것을 짜서 올립니다. 반죽을 말아 오븐 용지를 깔아 둔 내열 용기에 넣습니다. 말랑한 상태의 버터를 바르고 갈아 놓은 파르미지아노 치즈를 살짝 뿌려 줍니다.

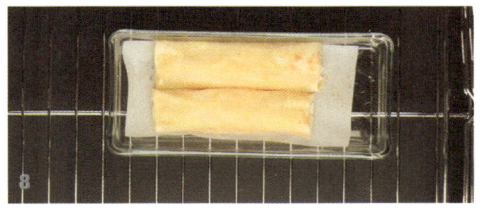

8 160 °C의 오븐에서 6분간 구우세요. **9** 카넬로니가 오븐에 들어가 있는 동안 토마토에 소금과 바질, 엑스트라버진 올리브유으로 양념을 한 후 맛이 배도록 몇 분간 두고 바질 잎은 나중에 빼냅니다. **10** 토마토 소스를 접시 바닥에 부으세요. 7번에서 치즈를 뿌려 그라탱이 된 카넬로니를 토마토 소스 위에 올려 차려 냅니다.

육수에 담근 카펠레티

pasta dry & fresh

에밀리아 지방에서 시작된 이 전통 음식은 오랜 시간 조리해야 합니다. 하지만 몇 가지 과정을 미리 해두면 시간을 절약할 수 있습니다. 속재료의 경우 미리 만들어서 냉장고에 며칠간 보관해도 되고, 상황에 따라 냉동해둘 수도 있습니다. 육수도 2~3일 전에 만들어 둬도 됩니다. 꼭 당일에 만들어야 하는 것은 파스타 반죽밖에 없습니다. 카펠레티를 아주 작은 크기로 만들 수 있으면, 이것도 미리 많이 만들어서 쟁반에 서로 닿지 않도록 나란히 놓고 냉동고에서 얼려도 됩니다. 완전히 얼면 냉동용 봉지에 나누어 담아 다시 냉동고에 보관하면 됩니다. 여기에서 소개하는 카펠레티가 깊은 맛과 풍미가 있으면서 상큼하기까지 한 비밀은 새콤한 레몬이 들어갔기 때문입니다.

100g짜리 모르타델라 소시지 1조각 (일반 소시지나 초리조, 살라미 사용 가능)
파르미지아노 레지아노 치즈 80g (파마산 치즈)
만두형 파스타용 반죽(76~77페이지 참조) 400g
고기 육수(120~121페이지 참조) 600g
100g짜리 프로슈토 돌체 1조각
지방 없는 쇠고기 240g
닭고기 200g
돼지고기 200g
양파 30g
당근 30g
화이트 와인 40g
세몰라
물 200g
레몬 반개 분량 제스트
엑스트라버진 올리브유 40g
소금

○ 가정에서 파스타면을 만들기 힘들 때는 만두피를 이용할 수도 있다.

how to

1 고기를 씻어 약 3cm 크기의 사각형으로 자릅니다. **2** 프로슈토와 모르타델라 햄을 사각형으로 자릅니다('껍질'을 제거하세요). **3** 셀러리와 당근, 양파의 껍질을 씻어 껍질을 제거하고 다집니다. **4** 냄비에 기름을 한 바퀴 두르고 고기를 넣어 볶습니다. 고기가 갈색을 띠기 시작하면 셀러리와 당근, 양파, 소금을 한 꼬집 넣으세요. 물 200g을 부은 후 뚜껑을 덮고 25분 정도, 고기가 부드러워지고 물이 완전히 졸아들 때까지 끓여 둡니다. **5** 고기를 커터에 넣고 프로슈토와 모르타델라(모르타델라가 반죽을 매끈하게 만들고 맛을 더해줄 뿐 아니라 적절한 수분까지 공급하기 때문에 우유나 베샤멜라 소스를 사용할 필요가 없음)를 추가해 갈아줍니다. 다 갈고 나면 믹싱볼에 옮겨 담고 제스터로 즉석에서 간 레몬 껍질과 파르미지아노 치즈 가루도 추가합니다. 양손으로 모든 재료를 뒤적여가며 잘 섞습니다. 랩으로 볼을 덮어 냉장고에서 최소한 한 시간 이상 휴지시켜 반죽이 잘 엉기고 단단해지게 합니다.

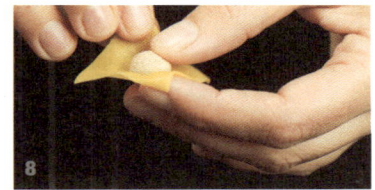

6 파스타 제면기를 이용해 반죽을 최대한 얇은 두께로 만듭니다. 긴 띠 모양이 되도록 파스타를 뽑은 후 정사각형으로 분할합니다(크기는 3x3cm). **7** 위의 6번에서 사각형으로 잘라놓은 반죽에 속재료를 공 모양으로 빚어 올립니다. 반죽이 말랐으면 물을 조금 발라주면 됩니다. **8** 대각선으로 마주보는 모서리를 맞춰 삼각형 모양으로 봉한 후, 중앙에 손가락 하나를 놓고 모서리 양쪽 끝을 모아 붙입니다. 이때도 반죽이 말랐으면 물(계란은 사용하지 마세요)을 조금 발라 단단히 붙입니다. 이렇게 완성된 카펠레티 안에 공기가 들어간 것은 아닌지 확인합니다. **9** 쟁반에 카펠레티를 놓고 세몰라 가루를 뿌리고 냉동고나 냉장고에 넣으세요. 냉동을 해도 나중에 사용할 때 별도로 해동할 필요 없이 바로 조리하면 됩니다. **10** 육수를 불에 올려 끓으면 카펠레티를 넣어 줍니다. 약 4분 정도 익힌 후 아주 뜨거울 때 차려 냅니다. 이때 아주 맑은 국물을 원할 경우, 국물을 따로 끓여서 접시에 담은 카펠레티와 함께 차려 냅니다.

→ **제스터**zester* 오렌지, 레몬 등의 껍질을 벗기는 칼.

치커리, 봉골레 카바텔리

이 음식에서는 치커리의 쓴맛과 조개의 강한 요오드 맛, 이 두 가지 상반된 맛이 조화롭게 균형을 이룹니다. 지방이 아주 적고 바다와 육지를 넘나들면서 감미로운 맛과 쓴맛이 교차합니다. 감자 반죽을 시작으로 하는 단순한 파스타지만 손가락이나 젓가락으로 둥근 형태로 만든다는 점이 특징으로 이 파스타의 형태가 이탈리아 중부와 남부 전체 지역에서 즐기는 전형적인 생파스타 형태입니다. 간단하지만 영양이 풍부한 음식입니다.

생 페페론치노 고추(홍고추 사용 가능)
감자 반죽(76~77페이지 참조) 500g
엑스트라버진 올리브유 30g
조개 800g
물 100g
야생 치커리 80g
강력분
굵은 소금

how to

1 감자를 넣어 반죽을 한 다음, 도마 위에 올려 놓고 길게 밀었다가 잘라 원통형을 만드는데 너무 두껍게 썰지 않아야 합니다(3cm가 넘지 않게 해줍니다). 얇고 작은 뇨끼를 만들어 줍니다. **2** 반죽에 밀가루를 뿌리고 손가락으로 밀어 움푹 패인 모양의 전형적인 형태를 만듭니다. 만들어 놓은 뇨끼에 밀가루를 충분히 뿌려 서로 붙지 않게 한 다음 한쪽에 두세요. **3** 냄비를 불에 올리고 열이 오르면 조개와 약간의 물을 넣어 줍니다. 물은 조개의 입이 벌어지게 하기 위해서입니다. 조개가 다 입을 벌릴 때까지 강불로 조리합니다. 면보에 걸러 조개를 꺼내두고, 조개 삶은 국물도 보관합니다.

4 조갯살을 발라 줍니다.
5 치커리를 듬성듬성 자릅니다.

6 프라이팬에 조개를 거른 물을 몇 수저 넣고 편으로 썰어 동그란 모양의 고추를 추가합니다. **7** 넉넉한 양의 물에 약간의 소금을 넣고 끓으면 카바텔리를 넣고 8분 정도 삶으세요. **8** 카바텔리를 건져 6의 프라이팬으로 곧바로 옮겨 줍니다. 수분이 거의 완전히 졸아들 때까지 저어 줍니다. 껍질을 제거한 조개를 추가하고 올리브유를 한 바퀴 두른 후 치커리를 넣고 1분간 더 조리합니다. 깊이가 있는 접시에 담아 내면 완성입니다.

병아리콩, 로즈마리 말탈리아티

pasta dry & fresh

농경문화를 바탕으로 탄생한, 맛있고 조화로운 완벽한 요리입니다. 겨울에는 김이 모락모락 피어오를 정도로 따끈하게, 여름에는 수분을 줄여 실온의 온도로 차려내는 영양가 높은 첫 번째 서빙 요리로 이용할 수 있는 독특한 음식입니다. 주의할 점은 재료의 양입니다. 병아리콩 크림의 부드러움과 파스타의 견고한 식감, 야채와 허브를 기본으로 한 소스fondo의 달콤함이 엑스트라버진 올리브유 몇 방울 덕분에 더 강렬하게 대조됩니다. 올리브유는 되도록이면 갓 짜내 초록빛이 돌고 향이 진한 신선한 것을 사용하면 좋습니다.

물과 밀가루로 만든 반죽(74~75페이지 참조) 200g
건조한 병아리콩 500g
셀러리 40g
당근 40g
작은 양파 40g
물 800g
세몰라
로즈마리 1/2가지
엑스트라버진 올리브유
소금
후추

how to

1 넉넉한 양의 물에 병아리콩을 담그세요. 하룻밤 동안 불린 후, 흐르는 물에 헹굽니다. 냄비에 병아리콩과 함께 껍질을 벗긴 후 듬성듬성 잘라 놓은 셀러리, 당근, 양파를 넣어 줍니다. 재료가 거의 다 익을 무렵(한 시간 정도) 소금을 추가합니다. 병아리콩이 국물에 잠긴 상태로 식혀 줍니다. **2** 물과 밀가루를 섞어 아주 가벼운 반죽을 준비합니다. 파스타 제면기에 반죽을 넣고 너무 얇지 않은 적당한 두께가 될 때까지 반복적으로 밀어 줍니다. 완성된 판형 파스타가 서로 붙지 않도록 세몰라 가루를 뿌려 둡니다. **3** 파스타 커팅 롤러로 마름모꼴을 자유롭게(불규칙한 형태로) 자릅니다. 이거 엉터리로 잘랐다는 뜻의 '말탈리아티'입니다. 말탈리아티가 서로 달라붙지 않도록 세몰라 가루를 뿌려 한쪽에 둡니다.

4 셀러리와 당근, 양파를 잘게 썰어 기름을 두른 냄비에 넣어 볶아 줍니다. **5** 야채에서 갈색이 돌면 로즈마리를 넣고, 잠시 후에 삶은 병아리콩도 넣어 줍니다. 맛이 어우러지도록 저으면서 볶다가 물을 추가합니다.

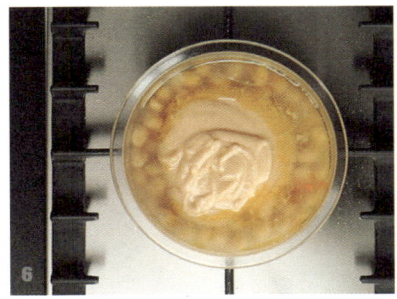 

6 재료들이 팔팔 끓으면 불을 끄고, 방망이형 믹서로 일부 덜어(4인분 300g을 기준으로 계산) 국물 반 국자와 함께 갈아 줍니다. 이렇게 완성된 크림과 병아리콩을 한 냄비에 담고 섞습니다. **7** 다른 냄비에 넉넉한 양의 물과 소금을 넣고 끓으면 말탈리아티를 넣고 2~3분간 더 끓입니다. **8** 말탈리아티를 건져 병아리콩이 담긴 냄비로 바로 옮기고 2분간 끓인 후 깊이가 있는 접시에 담고, 올리브유와 후추, 로즈마리를 얹으면 완성입니다.

가벼운 토마토 라구 소스 말탈리아티

며칠 동안 꼬박 만들어야 하고 고기에서 기름기가 터져 나오는 라구 소스는 잊어 버리고 여기서 소개하는 담백하면서 맛도 있고 완성 속도도 상당히 빠른 편인 라구 소스를 알아 봅니다. 육류(소고기, 돼지고기, 양고기)의 기름기를 꼼꼼하게 제거한 후에 끓는 물에 넣고 삶아요. 잡내를 없애고 피나 불순물을 제거하려고 고기를 삶은 첫물은 버립니다. 그리고 야채와 토마토 소스와 함께 천천히 세 시간 동안 조리합니다. 완성된 요리는 깊은 맛과 함께 포만감을 주고, 고기는 손으로 찢어서 사용해서 입안에서 여러 질감을 느낄 수 있도록 합니다. 그뿐만 아니라 말탈리아티의 모양도 불규칙해서 오히려 잘 어울립니다.

세몰라로 만든 반죽(74~75페이지 참조) 440g
페코리노 로마노 치즈 40g
엑스트라버진 올리브유 35g
소고기 근육 부위 350g
돼지 갈비 200g
양고기 살코기 부위 300g
당근 90g
셀러리 50g
양파 80g
마늘 1쪽
토마토 퓌레 700g
물 350g
타임 한 줄기
로즈마리 한 줄기
마조람 한 줄기
굵은 소금

○양고기가 싫다면 돼지고기나 소고기로 대신해도 된다.

how to

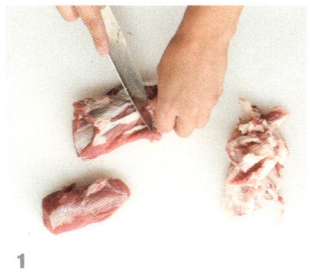  

1 담백한 라구 소스를 준비해 봅시다. 고기를 썻으면서 불필요한 지방들을 잘라 냅니다.   **2** 타임과 로즈마리, 마조람을 거즈 주머니에 넣어 줍니다.   **3** 냄비에 물을 끓여 고기를 넣어 거품이 올라올 때까지 기다립니다. 5분 정도 삶은 후 고기를 꺼내 차가운 물에 담그세요.

4 새로운 냄비에 고기와 토마토 퓌레, 듬성듬성 자른 야채(당근, 셀러리, 양파)를 넣어 줍니다.   **5** 아주 약한 불에서 3시간 정도 푹 끓이세요. 조리 시간이 75% 정도 진행됐을 때 미리 준비해 둔 향신료 거즈 주머니를 넣으세요.   **6** 고기를 꺼내 뼈를 제거한 후 손으로 잘게 찢어 줍니다. 5의 소스는 더 졸아들도록 끓입니다.   **7** 이제 파스타로 넘어가 보죠. 세몰라 가루로 만든 반죽을 최대한 얇은 두께로 민 후, 커팅 롤러로 마름모꼴로 자릅니다(이렇게 가장자리가 물결 모양인 마름모꼴 파스타를 '롬비Rombi' 파스타라고 부름*).   **8** 넉넉한 양의 물에 소금을 풀어 끓인 물에 7의 파스타를 넣고 약 2분간 삶아 줍니다.   **9** 한쪽에서 프라이팬에 고기와 소스를 데우다가 8의 파스타를 건져 곧바로 합치세요. 1분 정도 팬을 흔들면서 섞고, 필요하면 파스타 삶던 물을 추가합니다.   **10** 쿠키틀을 이용해 접시에 정갈하게 담고 엑스트라버진 올리브유와 페코리노 치즈 가루를 뿌려 마무리합니다.

생파스타

기본 & 기교

생파스타를 만드는 방법이 정말 많아서 반죽 레시피를 찾아보는 것만으로도 참 재미있습니다. 이탈리아의 생파스타 반죽법을 살펴보면 북부에서는 단백질이 풍부한 재료인 달걀을 상당히 중요하게 여깁니다. 북부 지역의 반죽에서는 밀가루는 소맥가루(부드러운 밀)를 사용하고 맛은 대부분 달걀 노른자에서 나오는 것입니다. 파다노 평원을 거쳐 아펜니노 산맥을 가로질러 조금 더 남부 지방으로 내려오면 달걀의 존재감은 조금씩 줄어들고 심지어 밀가루와 물로만 반죽을 하는 경우도 있습니다. 이렇게 파스타가 '빈곤'하면 밀가루가 중요해집니다. 소맥가루에 곱게 빻은 세몰라 가루를 혼합해 사용하고 이런 가루 재료 자체를 이용해 맛을 내고 변화를 주기도 합니다. 오레키에테, 스파게토니, 피치, 뇨케티, 마케론치니 같은 파스타를 만들 때는 계란이 들어가지 않은 반죽을 사용합니다. 세몰라 가루로 만든 반죽은 특히 투박하고 두껍고 단단하고 씹는 질감이 있어야 하는 생파스타에 사용합니다. 말탈리아티나 파파르델레를 만들기에 딱 좋은 반죽입니다.

→ 오레키에테 orecchiette* 오레키니(귀모양 파스타)의 확대형.
→ 스파게토니 spaghettoni* 스파게티의 확대형으로, 지름이 2.0~2.2mm 정도 됩니다.
→ 피치 pici* 굵은 칼국수처럼 생긴 면.
→ 뇨케티 gnocchetti* 뇨키의 축소형.
→ 마케론치니 maccheroncini* 마카로니의 축소형.

물과 밀가루로 만드는 반죽
강력분 500g
물 200g

세몰라로 만드는 반죽
강력분 350g
세몰라 150g
달걀 4개
달걀 노른자 3

how to

물과 밀가루만으로 만드는 반죽

1 작업대 위에 밀가루를 놓고 우물처럼 가운데를 파줍니다. **2** 준비한 물의 반을 밀가루 우물 중앙에 부으세요. 물은 미지근한 상태여야 합니다. **3** 물과 밀가루를 섞기 시작합니다. 반죽의 되기를 보면서 나머지 물을 조금씩 추가합니다. 처음에는 손가락으로 원을 그리면서 가볍게 섞다가 스테인리스 스크레이퍼와 같은 도구를 이용해 섞어도 됩니다. **4** 반죽을 몇 분 동안 치대 줍니다. **5** 반죽이 매끈하게 잘 섞이면 동그랗게 형태를 잡은 후 랩으로 감싸 줍니다. 그리고 한 시간 정도 휴지시킵니다.

세몰라로 만드는 반죽

1 볼에 두 종류의 밀가루를 넣고 섞은 후, 가운데 구멍을 파줍니다. **2** 구멍 중앙에 달걀을 깨 넣으세요. **3** 추가로 노른자만 분리해서 반죽에 넣어 줍니다. **4** 포크로 섞어 줍니다. **5** 처음에는 볼 안에서 반죽을 하다가 나무 작업대 위에 쏟아 놓고 치대세요. **6** 덩어리진 부분 없이 표면이 매끈해질 때까지 계속 치대세요. 반죽이 완성되면 랩으로 감싸 한 시간 정도 휴지시킵니다.

생파스타

기본 & 기교

이 반죽들은 앞서 소개한 반죽들보다 훨씬 더 풍부하고 맛있습니다. 감자가 수분과 함께 부드러움까지 더하는 첫 번째 반죽은 이탈리아 중부 지역에 아주 널리 퍼져 있습니다. 롤 파스타용 반죽은 가장 탄력 있는 반죽입니다. 피를 얇게 밀어서 다양한 농도의 재료들을 감싸기 쉽고, 라비올리에서 카펠레티, 토르텔리, 아뇰로티 등 다양한 모양의 생파스타를 만들 수 있습니다. 나무 작업대에서 밀어 만든 반죽은 전체적으로 작은 기포들이 있어 소스와 양념이 잘 배어 있다는 점을 기억하고 있어야 합니다.

감자 반죽
강력분 250g
삶은 감자 75g
달걀 1개
물 75/100g

롤 파스타 반죽
강력분 400g
달걀 4개

how to

감자 반죽

1 작업대 위에서 삶은 감자의 껍질을 벗겨 줍니다. **2** 포테이토 메셔(감자 으깨는 도구)로 감자를 으깨세요. **3** 밀가루를 추가합니다. **4** 달걀도 넣습니다. **5** 손으로 섞기 시작하다가 스크레이퍼를 이용해 모든 재료가 잘 혼합될 때까지 반죽합니다. 필요하면 약간의 물을 추가합니다. 반죽이 균일하게 잘 섞였으면 랩으로 감싸 휴지시킵니다.

롤 파스타 반죽

1 작업대 위에 밀가루를 우물 형태로 만들어 줍니다. **2** 밀가루 우물 중앙에 달걀을 깨서 넣어줍니다. **3** 포크로 섞기 시작합니다. **4** 손과 스크레이퍼를 이용해 반죽이 균일해질 때까지 반죽한 후 랩으로 감싸 냉장고에서 한 시간 정도 휴지시킵니다.

카르보나라 메쩨 마니께

pasta dry & fresh

아주 대중적인 재료로 만드는 로마 지역 전통 음식입니다. 이 음식의 기원은 확실치 않지만 원조라고 주장하는 사람들은 참 많습니다. 이 음식을 만들 때 어려운 점은 달걀을 완벽하게 크림화하는 건데, 전혀 익지 않아 액체 상태여도 안 되고 너무 익어서 덩어리져도 안 됩니다. 카르보나라를 맛있게 만드는 방법은 실온의 달걀을 사용하는 것밖에 없습니다. 냉장고에서 적어도 두 시간 전에 꺼내 놓은 것이 좋습니다. 또 한 가지 주의해야 할 점은 사용하는 그릇의 온도입니다. 조리할 때보다 한참 낮은 온도의 미지근한 용기에서 최종적으로 유화시켜야 합니다. 조금 더 가볍게 만들고 싶다면 관치알레의 기름기를 꼼꼼하게 잘라내 불필요한 지방을 제거하면 됩니다. 맛을 버리지 않고도 건강하게 먹을 수 있습니다.

파르미지아노 레지아노 치즈 **40g** (파마산 치즈)
메쩨 마니께 파스타 **400g** (리가토니 파스타로 대체 가능)
관치알레 **400g** (베이컨으로 대체 가능)
페코리노 로마노 치즈 **60g**
달걀 **4개**
노른자 **2개**
굵은 소금
알갱이 흑후추

→ **관치알레*** '뺨'이라는 뜻으로 돼지의 목과 볼, 목, 턱 등의 살로 만드는 이탈리아 중부 특산 베이컨.

how to

1 도마에 관치알레 베이컨을 놓고 껍질과 매운 양념이 된 부분을 제거하고 썰어준 후 손가락 크기로 자릅니다. **2** 프라이팬을 달궈 손질한 관치알레를 센불에서 볶으세요. **3** 관치알레의 지방을 제거합니다. 구운 관치알레를 체에 올려 기름이 빠지도록 하면 됩니다.

4 볼에 계란을 넣고 거품기로 섞어 줍니다. **5** 계란이 섞이면 치즈를 갈아 넣어 줍니다.

6 냄비에 물을 끓여 소금을 넣고 파스타를 삶습니다. 프라이팬에서 한 번 더 조리할 것이 아니라서 이때 완전히 익혀야 합니다(약 12분). **7** 파스타를 건져 볼에 담고 파스타를 삶을 때 사용한 물도 한 국자 넣은 후 약간의 후추를 갈아 넣습니다. **8** 파스타에 달걀과 관치알레를 섞습니다. 깊이가 있는 접시에 담고 다시 한 번 후추를 갈아 올려 줍니다.

리코타 치즈와 토마토를 채운 파케로

이 음식은 전통적인 형태의 파스타를 맛보다는 형태와 크기를 이용해 주인공으로 등극시켜본 것입니다. 파케리를 크림 충전물을 담는 용기로 변신시킨 거죠. 밀가루옷과 빵가루를 입혀 튀기면 간식이나 안주로 내놓기 좋은 요리가 됩니다. 재료를 미리 준비해 놨다가 먹기 직전에 튀겨 낼 수도 있습니다. 파스타에 대한 새로운 인식과 사용법을 만나게 해주는 요리가 될 것입니다.

부팔라 리코타 치즈 200g(꼭 부팔라 치즈가 아니어도 됨)
라마토 토마토 1개(플럼 토마토 사용 가능)
엑스트라버진 올리브유 15g
땅콩기름 200g
고운 소금과 굵은 소금
파케리 8개
빵가루 50g
강력분 40g
달걀 1개
바질

○ 파케리는 온라인에서 구매 가능하다.

how to

1 마른 리넨 천에 리코타 치즈를 넣고 꼭 짜서 불필요한 수분을 제거합니다. **2** 리코타 치즈를 고운 체에 한 번 내려 줍니다. 이렇게 하면 조금 더 매끄럽고 벨벳 같은 식감을 느낄 수 있습니다. **3** 짤주머니에 리코타 치즈를 담으세요. **4** 토마토 껍질을 벗기는데 윗부분에 십자로 칼집을 낸 후 끓는 물에 잠시 담갔다가 꺼내 찬물에 담근 후에 벗기면 됩니다. 토마토를 4등분해서 씨를 빼내고 방망이형 믹서 전용 컵에 담아 냅니다. **5** 토마토 과육을 갈아 줍니다. **6** 여과기나 체에 리넨 천을 올려 놓고 갈아 놓은 토마토를 부어 물기를 제거해 줍니다. 물기를 꼭 짜낸 토마토 과육을 볼에 담고 올리브유, 소금, 바질로 양념합니다

7 냄비에 넉넉한 양의 물과 소금을 넣고 파케리를 삶으세요. 심지가 하얗게 보이는 알 덴테 al dente 상태까지 삶아지면 건져서 찬물에 담가 더 이상 익지 않도록 합니다. **8** 파케리의 물기를 제거하고 짤주머니에 담아 놓은 리코타 치즈를 채워 줍니다. **9** 속을 채운 파케리에 밀가루와 달걀물, 빵가루를 묻혀 튀김옷을 입혀 줍니다. 두툼하고 바삭하게 만들고 싶으면 튀김옷을 두 번 입혀도 되는데, 두 번째에서는 밀가루를 묻히지 마세요. 튀김옷을 입은 파케리를 냉장고에 15분 정도 넣어둡니다. **10** 160°C의 땅콩기름에서 파케리를 튀깁니다. 다 튀겨지면 여과지에 건져 놓습니다. 접시에 토마토 소스를 깔고 그 위에 파케리 튀김을 올려 완성합니다.

파스타와 감자

나폴리뿐 아니라 이탈리아 전역에서 쉽게 만나볼 수 있는 음식입니다. 간단한 재료들이 모여 크림같이 부드럽고 달콤하게 입안을 맴도는 맛을 내죠. 나폴리에서는 전통적으로 여러 파스타를 함께 사용해서 혼합 파스타라고 부르는데(요즘은 시중에서 미리 혼합해 판매하는 제품도 있음), 형태는 달라도 조리 시간은 같아야 하기 때문에 꽤 신중하게 연구한 결과물입니다. 한때는 이 혼합 파스타가 찬장에 쌓인 파스타들을 쓸어 모아 만드는 음식이라 서민적이고 소박한 음식이었습니다. 하지만 매우 균형 있고 맛도 강한 훌륭한 음식입니다.

훈제 판체타 60g(베이컨으로 대체 가능)
다양한 종류의 파스타 200g
프로볼라 훈제 치즈 80g
엑스트라버진 올리브유 20g
양파 30g
붉은 감자 500g
셀러리 45g
화이트 와인 45g
체리 토마토 2개
물 1200g
소금
후추

○프로볼라 훈제 치즈는 백화점 치즈매장에서 구매 가능하다.

how to

1 토마토를 4등분합니다. **2** 판체타 햄을 편으로 썬 후 사각형으로 자릅니다. **3** 양파를 잘게 썰어 줍니다. 일단 반을 가르고 편으로 썬 후(안쪽 끝까지 자르지 말아야 더 편하게 다질 수 있습니다), 옆으로 돌려 편으로 썰면 간단하게 사각형으로 썰 수 있습니다. **4** 훈제 프로볼라 치즈도 사각형으로 잘라 놓습니다.

5 셀러리는 줄기 부분만 준비해 씻은 후 감자 칼로 섬유질이 두꺼운 부분을 잘라냅니다. 길게 반으로 가른 후 사각형으로 썰어 둡니다. **6** 감자도 씻어서 껍질을 벗기고 사각형으로 썰어 줍니다.

7 깊이가 있는 냄비에 기름을 한 번 두르고 열이 오르면 사각형으로 썬 판체타 햄을 넣고 천천히 볶고 양파와 셀러리를 추가하고 1분 정도 볶아 줍니다. 화이트 와인을 넣고 알코올이 충분히 날아가게 합니다. 5분 정도 끓인 후 4등분한 토마토를 추가하고 약한 불에서 3분간 끓입니다. **8** 이제 감자를 넣을 차례입니다. 잘라 놓은 감자와 소금을 한 꼬집 추가하고 잘 저으세요. 감자에 간이 배면 물을 추가하고 12분 정도 끓입니다. **9** 파스타를 넣고 익힙니다(약 9분 정도). **10** 소금과 후추로 간을 맞추고 불을 끈 후 프로볼라 치즈를 넣어 줍니다. 이 상태로 5분 정도 둔 후, 엑스트라버진 올리브유를 한 바퀴 둘러 차려 냅니다.

가지와 짠맛 리코타, 바질 파스타

이 요리는 지중해와 이탈리아 남부 식도락 문화의 맛과 풍미를 대표하는 시칠리아 전통 음식입니다. 만드는 법이 아주 간단해서 제철 재료들이 최고의 맛과 향을 낼 때 아주 조금만 신경 써서 만들면 정말 훌륭한 결과물을 얻을 수 있습니다. 이 음식의 테마는 파스타 알라 노르마Pasta alla Norma입니다. 파스타 알라 노르마는 부드러운 가지의 독특한 맛과 짭짤한 리코타 치즈의 맛, 생토마토의 상큼함을 이용한 고전적인 음식입니다. 가지는 여러분이 사는 지역에서 생산된 신선한 것을 사용해서 쓴맛을 제거해야 음식을 완성했을 때 향과 달콤한 맛이 살아난다는 것을 잊지 마세요.

리가토니 400g
가지 600g
소스용 토마토(둥근 토마토) 600g
토마토 퓌레 4큰술
소금이 들어 간 리코타 치즈 60g
마늘 1쪽
생바질 8잎
페페론치노 고춧가루
땅콩기름 500g
엑스트라버진 올리브유 50g
고운 소금과 굵은 소금

how to

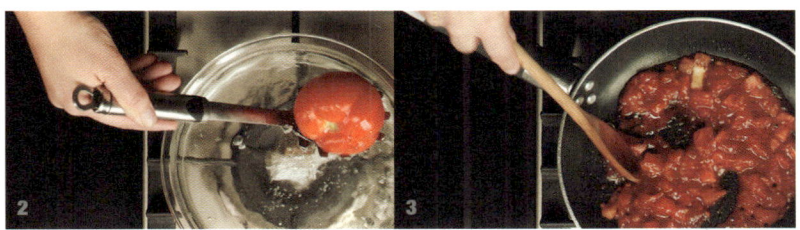

1 가지를 편으로 썰어 체에 올려두고 소금을 뿌리세요. 가지를 무거운 것으로 눌러두면 수분이 조금 더 빨리 빠지게 할 수 있습니다. **2** 토마토 껍질을 벗기세요. 밑둥에 십자로 칼집을 내서 끓는 물이 10분간 데친 후 곧바로 얼음물에 담가 식혔다가 벗기면 됩니다. 그런 다음 반으로 갈라 씨를 제거하고 사각형으로 자릅니다. **3** 프라이팬을 불에 올리고 기름을 한 바퀴 두른 후 마늘과(칼로 살짝 짓눌러 주는 것을 기억하기 바랍니다) 토마토 그리고 양념이 최대한 크림처럼 부드러워지도록 토마토 퀴레도 2큰 술 넣어 줍니다. 소금과 페페론치노 가루를 넣고 5분 정도 끓게 둡니다.

4 가지를 소금에 절여 2~3시간이 지난 후 꼼꼼하게 물기를 제거해 줍니다. 껍질의 두꺼운 부분을 제거하고 사방 1cm 정도의 사각형으로 자릅니다. **5** 팬에 땅콩기름을 넉넉하게 채우고 160~180°C로 가열해 가지를 튀깁니다. 이 때 가지를 한꺼번에 다 넣으면 기름의 온도가 너무 낮아질 수 있으니 나눠서 넣도록 합니다. 잘 튀겨지면 유산지에 건져 놓으세요. **6** 넉넉한 양의 물에 소금을 풀고 파스타를 넣어 약 11분간 삶으세요. **7** 파스타를 곧바로 토마토가 담긴 냄비로 옮겨 담습니다. 필요하면 파스타 삶던 물을 한 국자 정도 넣고 1분간 더 조리합니다. **8** 가지를 넣은 후 불을 끕니다. 바질을 손으로 찢어 넣고 마지막으로 올리브유를 한 바퀴 둘러 마무리합니다. **9** 깊이가 있는 접시에 담고 소금이 들어 있는 리코타 치즈를 갈아 올리면 완성입니다.

토마토, 올리브, 바질을 넣은 바칼라 라비올리

아주 간단하면서 맛의 농도는 진한, 지중해 내음 물씬 풍기는 이 요리법의 주재료는 바칼라(소금에 절여 말린 대구)입니다. 저는 보통 바칼라를 물에 담가 나흘 동안 소금기를 빼는데요. 마지막 날은 물 대신 신선한 우유를 사용하면 바칼라가 아주 달콤하고 부드러워지고, 톡 쏘거나 거슬리는 맛은 전혀 느껴지지 않습니다. 이 간단한 비법으로 바칼라의 맛만 조절되는 것이 아니라, 크림까지 만들 수 있습니다. 이번 요리에서 라비올리를 채울 재료가 바로 바칼라인데, 아주 부드럽고 매끄럽게 만들 수 있습니다. 토마토 속에서 달콤하면서도 신선한, 대조되는 바칼라의 맛과 함께, 올리브의 강한 뒷맛까지 느낄 수 있을 것입니다.

가에타산 블랙 올리브 8개(일반 블랙 올리브 사용 가능)
소금기 없는 바칼라 살코기 300g(일반 대구 사용 가능)
롤 파스타용 반죽(76~77페이지 참조) 600g
엑스트라버진 올리브유 80g
생토마토 과육 350g
양파 40g
마늘 1쪽
바질 잎 4장
타임 가지 1개
경밀 제분 세몰라
소금

how to

1 도마에 바칼라를 올리고 껍질과 지느러미를 제거합니다. 그런 다음 2~3cm 크기로 자릅니다. **2** 양파를 다집니다. **3** 냄비를 불이 올리고 기름을 두른 후 양파를 넣고 5분간 낮은 불에서 볶으세요. 바칼라도 넣고 수분이 모두 날아갈 때까지 계속 볶습니다. 믹서기로 바칼라를 갈면서 소금으로 간을 맞추고 올리브유를 넣고, 수분이 부족할 경우 약간의 물을 추가합니다. 완성된 재료를 짤주머니에 담으세요. **4** 칼을 뉘어 올리브를 눌러 씨를 제거하고 듬성듬성 자릅니다.

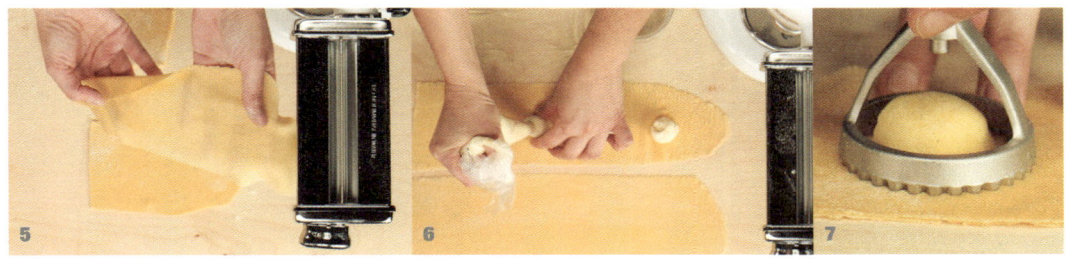

5 제면기로 파스타 면을 늘여 줄 차례입니다. 제면기의 면 두께 설정을 최소로 맞추고 반죽을 세 번 넣고 돌려 줍니다. **6** 늘여 놓은 파스타 반죽을 두 장으로 만든 후, 짤주머니에 넣어 둔 바칼라를 반죽 하나의 중앙에 짜줍니다. 붓에 약간의 물을 묻혀 (달걀물은 바르지 마세요) 바칼라 주위에 바르고 나머지 한 장을 덮으세요. **7** 손가락이나 쿠키틀로 조심스럽게 눌러 반죽 안의 공기를 빼줍니다. 라이올리 틀로 라비올리 형태를 만들어 주고 접시에 약간의 세몰라 가루를 뿌려 놓고 완성된 라비올리를 옮겨 놓습니다.

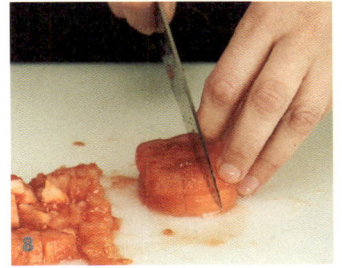 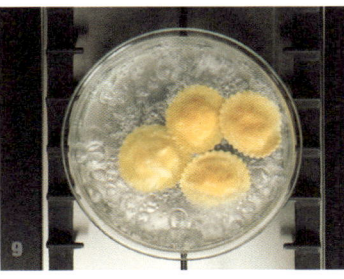 

8 토마토 콩카세를 준비합니다. 토마토를 끓는 물에 데친 후 차가운 물에 담갔다가 껍질을 벗기고 깍둑썰기하면 됩니다. 프라이팬을 달구어 기름을 두르고 마늘, 토마토와 함께 약간의 물을 넣어 줍니다. 여기에 올리브를 넣고 몇 분 간 가열합니다. **9** 넉넉한 양의 물에 소금을 넣고 끓인 후 라비올리를 넣고 삶아 줍니다. **10** 소스가 들어있는 팬에 라비올리를 건져 넣고 섞습니다. 타임과 바질을 추가하고, 불에서 내려 약간의 올리브유를 넣고 휘저어줍니다. 평평한 접시에 완성된 라비올리를 담아 차려 냅니다.

아마트리치아나 리가토니

목축업의 전통에서 유래된 소박한 음식입니다. 전통적인 라지오 지방의 스타일을 조금 더 가볍고 소화가 잘 되도록 요리하는 것을 좋아합니다. 주의할 점은 관치알레 베이컨의 지방을 꼼꼼하게 제거해야 한다는 것입니다. 관치알레 베이컨에는 두꺼운 부분과 얇게 구워진 부분, 이렇게 질감이 다른 두 부분이 있습니다. 두꺼운 부분은 소스에 섞고, 얇은 부분은 식탁에 낼 때 바삭거리는 맛을 내는 용도로 사용할 것입니다. 음식을 할 때 달고 신맛으로 포인트를 주는 것을 무척 좋아합니다. 그래서 두껍게 썬 관치알레에 발사믹 식초를 뿌리고 천천히 식초가 완전히 흡수될 때까지 조리합니다. 이런 방법을 이용하면 다채로우면서도 균형 잡힌 요리가 완성됩니다.

관치알레 베이컨 300g (일반 베이컨 사용 가능)
페코리노 로마노 치즈 100g
리가토니 400g
토마토 퓌레 400g
양파 50g
발사믹 식초 15g
굵은 소금

→ **관페코리노 로마노 치즈** 양유로 만든 비가열 치즈로 살짝 녹이면 광택제 역할을 한다.

how to

1 소스용 관치알레를 준비해 봅시다. 껍질과 후추가 들어있는 부분을 제거하고 편으로 썰어 네 조각으로 나누는데 얇은 부분 두 조각, 두꺼운 부분 두 조각으로 구분해 썰어 줍니다. 그런 다음 사각형으로 한 번 더 썰어 줍니다. **2** 두꺼운 쪽 두 조각을 깍둑썰기 한 것들을 코팅 프라이팬에서 기름을 두르지 않고 볶으세요. 다 볶아지면 체에 걸러 기름기를 제거합니다.

3 양파를 곱게 채 썬 후 곱게 다져 코팅 프라이팬에 기름을 한 번 두르고 볶으세요. **4** 양파가 투명해질 때까지 충분히 볶다가 관치알레를 넣고 발사믹 식초로 향을 더해 줍니다(1분 정도). 그런 다음 토마토 퓌레를 넣고 5분 정도 끓입니다. **5** 냄비에 물을 넉넉히 받아 불에 올립니다. 물이 끓으면 소금을 넣고 파스타를 넣으세요. 파스타가 익을 때까지 삶아야 합니다(약 8분).

6 얇은 쪽을 깍둑썰기해 놓은 관치알레도 코팅 프라이팬에서 볶으세요. 관치알레가 기름이 빠질때까지 볶은 후 기름기를 제거합니다. 볶아서 기름을 제거하는 과정을 한 번 더 거쳐 아주 바삭한 상태로 만듭니다. 이 관치알레는 마지막에 완성 접시에 올릴 것입니다. **7** 파스타가 다 삶아지면 토마토와 관치알레가 담긴 프라이팬으로 곧바로 건져 내세요. 파스타에 맛이 스미도록 잠시 뒤적이며 가열하다가 불을 끄고 접시에 담아 냅니다. **8** 바삭하게 구운 얇은 관치알레를 얹고 페코리노 치즈를 넉넉하게 갈아 올리면 완성입니다.

아티초크 스키아포니

아티초크는 손질만 잘 하면 되는 아주 간단한 요리입니다. 아티초크는 부엌에서 정말 중요한 재료인데, 이번 요리에서는 크림 같은 부드러움과 강한 맛이 한껏 드러납니다. 산화 방지를 위해 흔히 레몬즙을 사용하는데, 그렇게 하면 맛이 약간 변합니다. 그래서 아스코르브산(비타민 C)을 사용합니다. 약국에 가면 첨가물이 들어가지 않은 제품을 구입할 수 있을 것입니다. 여러분도 레몬 대신 아스코르브산을 사용하는 습관을 들여 보세요! 멸치와 마늘, 화이트 와인의 신맛 덕분에 아티초크의 풍미가 더 깊어져 파스타를 더 맛있게 만들어줄 것입니다.

스키아포니 400g(리가토니로 대체 가능)
올리브 오일에 절인 멸치 1마리(안초비)
아스코르브산(비타민 C) 3g
엑스트라버진 올리브유 30g
아티초크 3
물 250g
화이트 와인 50g
마늘 1쪽
고운 소금, 굵은 소금
알갱이 흑후추

how to

1 아티초크를 씻고 바깥쪽에 있는 단단한 잎들을 잘라내 줍니다. **2** 아티초크를 돌려 깎기해서 섬유질 부분을 제거하고 잎의 부드러운 부분은 남겨 둡니다.

3 아티초크를 반으로 가르고 '수염' 부분을 잘라내고 아스코르브산을 풀어 놓은 물에 담급니다. **4** 냄비를 불에 올려 기름을 한 번 두르고 마늘과 멸치를 넣으세요. 멸치가 풀어지면 아티초크와 와인을 넣고 뚜껑을 덮어 줍니다(뚜껑 대신 유산지를 덮어도 됩니다). 8분 정도 끓도록 두다가 뚜껑을 열고 소금과 물 250g을 추가합니다. 다시 뚜껑을 닫고 8분 더 끓입니다.

5 아티초크가 다 익었으면 냄비에서 꺼내고, 냄비에 남은 물은 버리지 말고 보관합니다. 아티초크를 도마에 올려 놓고 칼로 다집니다. **6** 냄비에 물을 넉넉히 받아 불에 올리세요. 물이 끓기 시작하면 소금을 추가하고 파스타를 넣으세요. 파스타가 익을 때까지 삶아 줍니다(약 16분 소요). **7** 파스타를 삶는 동안 프라이팬을 불에 올리고 아티초크 삶은 물을 약간 넣어 줍니다. 아티초크를 넣고 파스타도 익자마자 바로 넣습니다. 재료들이 물기를 완전히 흡수할 때까지 맛이 배도록 저어준 후, 접시에 담고 후추가루를 뿌려 마무리합니다.

알리오, 올리오, 페페론치노, 콜리플라워 스파게티

섬세한 콜리플라워 크림으로 풍부함을 더한 알리오, 올리오 파스타입니다. 콜리플라워의 단맛과 멸치의 깊은 맛 그리고 마늘의 톡 쏘는 맛이 대조를 이룰 뿐 아니라, 부드러운 질감과 거친 질감이 번갈아 느껴지는 요리입니다. 소스 하나만으로는 자칫 너무 부드럽기만 할 것 같아서 볶은 빵가루를 추가했습니다. 바삭하고 맛있는 빵가루가 이 소박한 음식을 균형 있고 식욕을 돋우는 최고의 요리가 되게 합니다.

마늘 크림(196~197페이지 참조) 40g
올리브유에 재운 멸치 4마리(안초비)
엑스트라버진 올리브유 30g
스파게티 400g
콜리플라워 400g
빵가루 140g
마늘 1쪽
페페론치노 분말 2g
고운 소금과 굵은 소금

how to

1 콜리플라워를 씻어 듬성듬성 자릅니다. **2** 넉넉한 양의 물에 소금을 넣고 끓으면 콜리플라워를 넣고 5분 정도 삶아 꺼냅니다. **3** 방망이형 믹서용 컵에 콜리플라워와 올리브유, 소금을 넣고 갈아 줍니다.

4 코팅 프라이팬에 기름을 두르고 멸치를 넣어 풀어줍니다. **5** 빵가루를 섞으면서 볶으세요. **6** 다른 프라이팬을 불에 올려 올리브유를 두르고 마늘 한 쪽, 페페론치노를 넣어 줍니다. 마늘은 갈색이 나도록 볶아지면 꺼냅니다.

7 넉넉한 양의 물에 소금을 넣고 끓으면 파스타를 넣고 삶아 줍니다. 알 덴테(중간정도로 설익힌 것) 상태에서 건져 곧바로 6의 프라이팬으로 옮겨 줍니다. **8** 마늘 크림을 넣고 잘 섞습니다. **9** 접시 중앙에 콜리플라워 크림을 깔고 파스타를 올린 후, 볶은 빵가루를 뿌려 차려내면 됩니다.

키타라 카치오, 후추, 셀러리, 월계수 스파게티

근대 로마 시대부터 내려 온 요리로, 모든 핵심은 포마드 만들기에 달려 있습니다. 겉으로 보기에는 치즈와 물, 정말 간단한 두 가지 재료로 구성된 쉬운 음식처럼 보이지만 두 재료의 결합은 상당히 복잡합니다. 혼합 온도와 재빠른 손놀림 등 세심한 주의를 기울여야만 균형을 잡을 수 있습니다. 이 요리에 대조되는 맛을 내는 두 가지 새로운 요소를 추가한 것이 좋습니다. 한 가지는 신선함과 더불어 깊은 맛까지 더해주는 셀러리고, 또 한 가지는 향신료인 월계수입니다. 그런데 후추를 절구에 넣고 갈기 전에 한 번 볶아줘야 합니다. 이렇게 하면 맛과 향이 훨씬 더 진해지니 이 과정을 생략하면 안됩니다.

키타라 스파게티 400g (일반 스파게티로 대체 가능)
페코리노 로마노 치즈 200g
엑스트라버진 올리브유 20g
셀러리 40g
민트 잎 2장
월계수 4장
물 80g
굵은 소금
알갱이 흑후추

how to

1 프라이팬을 약불에 올리고 후추 알갱이를 5분 정도 볶아 줍니다.　**2** 후추 향이 느껴지면 후추가 잘 볶아진 것입니다. 불을 끄고 후추를 절구에 넣고 빻아서 한 쪽에 둡니다.　**3** 프라이팬을 불에 올려 기름을 한 번 두르고 세척해서 감자칼로 섬유질 부분을 제거한 셀러리 줄기 부분과 민트, 월계수 잎 한 장을 넣어 줍니다. 물을 한 국자 추가하고 1분간 끓게 둡니다. 월계수와 민트, 셀러리를 건져 냅니다.

4 냄비에 물을 넉넉히 채워 끓으면 소금과 파스타를 넣고 2/3정도까지 익힙니다(약 11분 소요).　**5** 삶은 파스타를 곧바로 프라이팬에 건져 넣고 가끔 저으면서 약 1분간 조리합니다. 필요할 경우 뜨거운 물을 한 국자 정도 추가해 크림 같은 농도가 되도록 조절합니다. 올리브유를 한 번 두르고 저으세요.　**6** 불을 끄고 페코리노 치즈를 뿌리고 섞어줍니다. 후추도 넣어줍니다. 접시에 담고 후추를 한 번 더 뿌린 후 취향에 따라 월계수로 장식해도 됩니다.

치폴로토, 후추, 로즈마리 스파게티

연중 어느 때나 할 수 있는 음식입니다. 상당히 균형 있고 풍미도 좋을 뿐 아니라 굉장히 맛이 깊습니다. 준비할 재료도 아주 간단하고, 대파의 단맛과(거의 녹는 정도로 부드럽게 조리합니다) 화이트 와인의 신맛(약한 신맛입니다), 로즈마리의 향기(독특한 향이 일품이죠) 그리고 녹인 파르미지아노 레지아노 치즈의 부드러움의 균형을 맞추는 데만 집중하면 됩니다.

파르미지아노 레지아노 치즈 40g (파마산 치즈)
엑스트라버진 올리브유 45g
스파게티 360g
대파 200g
화이트 와인 45g
물 65g
로즈마리 1+1/2가지
고운 소금, 굵은 소금

○ 로즈마리는 마트나 온라인에서 구매 가능하다.

how to

1 대파의 잎부분은 제외하고 곱게 채썰어 줍니다.
2 로즈마리의 가시를 자릅니다.

3 달궈진 프라이팬에 기름을 한 번 두르고 대파를 넣은 후 아주 약한 불에서 10분 정도 조리합니다. **4** 소금으로 간을 하고 화이트 와인을 넣어 줍니다. 와인이 증발됐으면 물을 추가합니다. 다진 로즈마리를 넣고 몇 분간 향기가 스미도록 끓이면 소스는 완성입니다. 다 된 소스는 한쪽에 둡니다.

5 넉넉한 양의 물에 소금을 넣고 끓으면 스파게티를 넣고 삶습니다.

6 스파게티가 익는 동안 다른 불에 프라이팬을 올리고 후추 알갱이를 볶아 줍니다. 후추에서 향이 나면 불을 끄고 절구에 담아 빻으면 됩니다. **7** 스파게티가 2/3 정도 익으면 곧바로 대파가 담긴 프라이팬으로 건져 냅니다. 파르미지아노 치즈 간 것을 넣고 약한 불에서 몇 분간 저어 포마드가 생기게 합니다. 수분이 부족하면 스파게티를 삶은 물을 추가합니다. **8** 불을 끄고 갈아 놓은 후추와 파르미지아노 치즈 간 것을 다시 한 번 추가해 마무리합니다.

빵과 안초비, 올리브, 케이프 스파게티

이 음식은 정말 쉽고 금방 만들 수 있습니다. 특징으로는 바삭한 식감과 더불어 기본적인 토마토 소스와 대조를 이루는 맛을 꼽을 수 있습니다. 빵가루와 올리브가 입맛을 자극하기 시작해 오렌지 제스트가 향긋하고 새콤한 향기를 선물하고, 마지막으로 민트가 진하고 상쾌한 풀 내음으로 마무리하게 해주죠. 이 요리법의 장점은 파스타가 삶아지는 동안 준비를 끝낼 수 있다는 것입니다. 빠르고 간단하지만 정성스러워 보이는 음식입니다.

스파게티 400g
입자가 굵은 볶은 빵가루 40g
블랙 올리브 12개
염분을 제거한 케이퍼 6알
기름에 재운 멸치 4마리
마늘 1쪽
토마토 퓌레 120g
화이트 와인 2큰술
로즈마리 1가지
민트 잎 10장
오렌지 제스트 1/2개분
엑스트라버진 올리브유 40g
굵은 소금

how to

1 냄비에 넉넉하게 물을 받아 불에 올려 끓입니다. 물을 끓이는 동안, 칼날의 옆면으로 올리브를 짓눌러 씨를 빼줍니다. 올리브를 재빨리 아주 작게 잘라줍니다. 다지는 것이 아니라 작게 자릅니다. **2** 케이퍼와 멸치는 다지고, 마늘은 칼날의 옆면으로 짓눌러 줍니다(손바닥으로 으깨 줄 수도 있습니다). **3** 냄비를 불에 올려 기름을 한 번 두르고 마늘과 케이퍼, 올리브를 넣어 줍니다. 냄비에 열이 오르면 식초를 넣어 줍니다. **4** 식초가 날아가면 토마토를 넣으면 됩니다. 4분 정도 볶다가 마늘을 꺼내고 냄비를 불에서 내립니다.

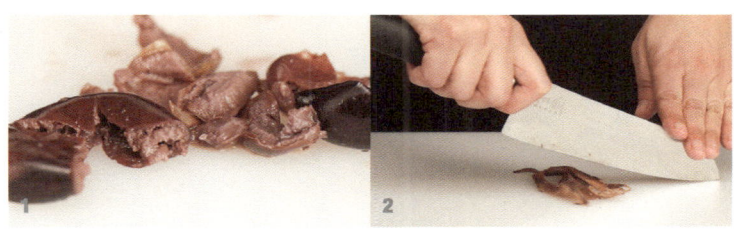

5 넉넉한 양의 물에 소금을 넣고 끓으면 스파게티를 넣고 7분간 삶아 줍니다. **6** 다른 코팅 프라이팬에 기름을 한 번 두르고 로즈마리와 멸치를 넣어 줍니다. 불을 켜고, 멸치가 녹으면 빵가루를 추가해 3분간 볶아 줍니다. **7** 빵가루 볶은 팬은 불에서 내리고, 4번의 토마토 소스팬을 다시 불에 올립니다. 삶은 스파게티를 곧바로 토마토 소스팬에 건져내 잘 버무리세요. 수분이 부족하면 스파게티 삶던 물을 추가해 농도를 맞추면 됩니다. 불을 끄고 손으로 민트를 잘게 찢어 올립니다. **8** 깊이가 있는 접시에 스파게티를 담고 6에서 만들어 놓은 빵가루 한 수저와 함께 오렌지 제스트를 접시 위에 바로 갈아 올려 차려 냅니다(오렌지 껍질은 깨끗이 씻어 두는 게 중요).

아스파라거스 라구 탈리아텔레

이 현대적인 음식의 주인공은 백퍼센트 아스파라거스입니다. 아스파라거스는 가볍고 지방도 아주 조금밖에 들어있지 않습니다. 아스파라거스의 경우 희고 섬유질이 많은 밑부분은 흙도 제거할 겸 잘라 버리고 나머지는 다 사용합니다. 껍질을 벗기고 가운데 부분을 편으로 얇게, 동글동글하게 썰어 아스파라거스 라구를 만듭니다. 뾰족한 부분은 갈거나 착즙기로 즙을 추출합니다. 라구 소스는 일부는 바삭하고 일부는 아주 진하고 향이 강한 국물입니다. 이 국물은 프라이팬에서 엑스트라버진 올리브유로 유화합니다. 야채의 진하고 우아한 맛을 내는 데만 치중하지 않고 야채와 과일 진액과 즙을 넣으면 더 가볍고 자연스러운 음식을 탄생시킬 수 있습니다.

세몰라 반죽(74~75페이지 참조) 600g
엑스트라버진 올리브유 40g
세몰라
아스파라거스 800g
대파 40g
화이트 와인 130g
고운 소금, 굵은 소금
후추

how to

<u>1</u> 반죽이 들러붙지 않게 세몰라 가루를 뿌려가며 제면기에 넣고 얇게 늘이세요. 두께가 2mm가 될 때까지(거의 최소 두께) 반복해서 반죽을 늘여 줍니다. 파스타가 완성되면 15cm 정도의 길이로 자릅니다. <u>2</u> 사이사이에 세몰라 가루를 뿌려가며 한 장씩 조심스럽게 겹친 후 말아 줍니다. <u>3</u> 말아 놓은 파스타 반죽을 너비 1cm 정도 간격으로 잘라 탈리아텔레를 완성합니다. <u>4</u> 쟁반에 세몰라 가루를 뿌려 놓고 탈리아텔레를 옮겨 놓고 약 120g 정도씩 새 둥지 모양으로 말아 놓으세요.

 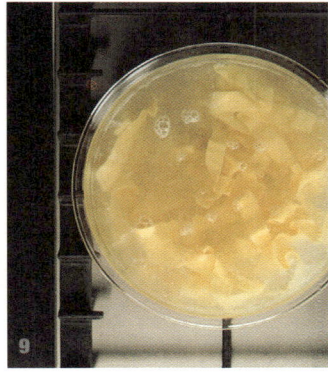 

<u>5</u> 아스파라거스를 밑손질해서 씻은 후, 밑부분(색이 연하고 나뭇가지 같은 부분)은 잘라냅니다. 감자칼로 섬유질이 많은 부분을 벗겨내고 편으로 얇게 썰어 줍니다. <u>6</u> 대파도 초록색 부분도 어느 정도 포함해서 썰어 줍니다. <u>7</u> 남은 아스파라거스를 모두 착즙기에 넣고 즙을 내줍니다.

<u>8</u> 프라이팬에 기름을 한 번 두르고 달구세요. 대파를 넣고 몇 분 동안 익히다가 화이트 와인을 넣고 날려 줍니다. 동그랗게 잘라 놓은 아스파라거스와 소금, 후추를 넣고 다시 몇 분 동안 볶아 줍니다. <u>9</u> 넉넉한 양의 물에 소금을 넣고 끓으면 파스타를 넣고 3분간 삶은 후, 곧바로 아스파라거스가 담긴 프라이팬에 건져 넣어 줍니다. <u>10</u> 아스파라거스즙을 넣고 맛이 스미도록 잠시 두었다가 올리브유를 한 번 둘러 줍니다. 깊이가 있는 접시에 담아 차려 냅니다.

unforketable.it
RICE & GNOCCHI

밥 & 뇨키

리코타와 브로콜리 뇨께티

리코타 치즈의 부드러움에 포인트를 준 겨울철 스프입니다. 리코타 치즈가 이 음식의 절대적인 주인공입니다. 리코타 치즈의 수분을 잘 제거하는 것이(리넨이나 면으로 된 천만 있으면 충분히 할 수 있어요) 맛의 비결입니다. 유청이 있으면, 그러니까 반죽에 물기가 너무 많으면 밀가루가 너무 많이 추가되고, 그렇게 되면 맛없고 딱딱한 뇨키가 만들어지죠. 반면 리코타 치즈의 수분을 충분히 제거한 경우, 밀가루와 달걀, 파르미지아노 치즈, 소금과 함께 반죽을 하면 뇨키가 부드럽고 바삭합니다. 잘 만들어진 뇨키를 맛있는 브로콜리 크림에 섞으면 보기에도 좋고 입안에서 섬세하고 부드러운 식감을 느낄 수 있습니다.

파르미지아노 레지아노 치즈 60g (파마산 치즈)
엑스트라버진 올리브유 30g
고운 소금, 굵은 소금
강력분 70g
리코타 치즈 360g
물 200g
브로콜리 200g
기름에 재운 멸치 4조각
블랙올리브 8알
달걀 50g
마늘 반쪽
레몬 제스트

1 리넨이나 면으로 된 천에 리코타 치즈를 감싸 유청이 모두 빠져나올 수 있도록 최대한 꼭 짜 줍니다. **2** 볼에 리코타 치즈에 강력분과 파르미지아노 치즈, 달걀, 소금을 넣고 섞다가 작업대로 옮겨 반죽합니다. 전체적으로 균일하고 부드럽게 반죽되어야 합니다. **3** 반죽을 지름 2~3cm 정도로 길게 밀어 놓고 스크레이퍼로 잘라 뇨키를 만듭니다. 밀가루를 묻혀 둡니다.

4 브로콜리를 씻어 꽃 부분을 떼어 놓으세요. (줄기를 제거) 아주 작은 것도 몇 개 따로 둡니다. **5** 소금을 넣은 끓는 물에 브로콜리를 넣고 데칩니다.

6 스테인리스 프라이팬을 불에 올리고 기름을 한 번 두른 후, 마늘과 멸치, 올리브, 데친 브로콜리를 넣고 볶습니다. 옆 불에서는 냄비에 기름을 두르고 따로 분리해 두었던 작은 브로콜리들을 넣고 몇 분간 볶아 줍니다. **7** 마늘, 멸치, 올리브와 볶은 브로콜리에 물을 추가하고 방망이형 믹서로 갈아 줍니다. **8** 냄비에 물과 소금을 넣고 끓으면 뇨키를 삶으세요. 위로 떠오르면 다 익은 것입니다. **9** 소스를 데우고 작은 브로콜리와 뇨키를 넣으세요. 깊이가 있는 접시에 담고 올리브유와 레몬 껍질을 갈아 올려 마무리합니다.

세몰리노 고르곤졸라, 호두, 꿀 뇨키

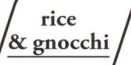

첫 번째 요리로 낼 수도 있고 전채 요리로 낼 수도 있는 음식입니다. 아주 소량으로 준비하면 핑거푸드가 될 수도 있습니다. 이 레시피에서는 세몰리나로 만든 전통적인 뇨키가 단맛이 나는 고르곤졸라 치즈의 깊고 진한 맛과 대조를 이룹니다. 블루치즈(고르곤졸라)의 강한 맛이 버터 같은 뇨키의 달콤함과 부드러움뿐 아니라, 민트와 타라곤의 상쾌한 맛과 어우러지죠. 레몬의 새콤함과 꿀의 달콤한 맛이 호두의 약간 쌉쓸한 맛과 대칭됩니다. 이렇게 어울릴 것 같지 않은 조합들이 입안에서는 다양한 맛에 대한 느낌과 자극적인 맛이 균형을 이루게 해줍니다.

고르곤졸라 돌체 100g(고르곤 졸라 치즈 사용 가능)
세몰리노 60g
우유 250g
버터 25g
물 25g
꿀 25g
레몬즙 10g
타라곤잎 2장
민트 잎 1장
타임 1가지
호두 알갱이 2개
소금

○세몰리노: 세몰리나에 비해 거칠게 가공된 듀럼밀

how to

1 뇨키를 먼저 준비할 것입니다. 냄비를 불에 올리고 우유와 조각 낸 버터, 소금 한 조집(핀치라고도 함, pinch)을 넣으세요. **2** 버터가 완전히 녹고 우유가 끓어 오르면 세몰리노 가루를 한 번에 다 넣으세요. 거품기에 들러붙지 않을 때까지 계속 저으면서 세몰리노를 익힙니다. **3** 내열 용기에 유산지를 깔고 2의 세몰리노를 넣고 수저나 주걱으로 평평하게 만듭니다. 세몰리노가 붙지 않도록 용기 벽면에 물을 바르는 것이 좋습니다. 냉장고에 잠시 넣었다가 완전히 차가워지기 전에 꺼냅니다. **4** 세몰리노 반죽을 도마에 올려놓고 만들고 싶은 모양의 틀로 찍어 줍니다. 내열 용기에 찍어 놓은 반죽을 약간의 간격을 두고 늘어 놓습니다.

5 이제 고르곤졸라 소스를 준비해 봅시다. 고르곤졸라 치즈를 큼직한 사각형으로 자릅니다. 냄비에 물을 받아 불에 올리고 끓기 시작하면 고르곤졸라를 넣은 후 약불로 줄이고 다 녹을 때까지 끓이세요. **6** 방망이형 믹서로 5의 소스를 혼합한 후 식혀서 농도가 되직해지게 합니다. **7** 180°C의 오븐에 5분간 뇨키를 넣고 갈색이 나도록 구우세요. 뇨키가 다 구워지면, 모든 뇨키에 고르곤졸라 소스를 한 수저씩 올리고 오븐에 다시 넣어 5분간 더 구우면 됩니다.

8 뇨키를 굽는 사이 꿀 소스를 준비합니다. 작은 볼에 꿀과 레몬즙, 허브를 넣고 잘 섞은 후 잘게 다진 호두를 추가합니다. **9** 평평한 접시에 뇨키를 놓고 꿀 소스를 뿌려 줍니다.

오징어 뇨키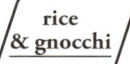

이 요리는 오징어를 손질하다가 탄생했습니다. 현대적이고 가볍고 창의적인 이 레시피는 오징어를 비롯한 대부분의 연체동물을 구성하는 물질인 알부민의 사용을 바탕으로 합니다. 단백질인 알부민은 달걀의 알부민처럼 오징어의 조직을 치밀하게 만들어 희고 단단한 육질을 만들어 주죠. 알부민 덕분에 오징어를 갈아도 형태를 잡을 수 있을 정도로 충분히 점착성이 있고 단단합니다. 바로 이 알부민 덕에 달걀이나 글루텐을 전혀 사용하지 않고도 이 음식을 만들 수 있습니다. 전채 요리나 첫 번째 접시로 낼 수도 있는데, 이 경우 감자 크림의 양을 늘리세요.

오징어 500g
우유 120g
물 200g
삶은 감자 200g
마조람 두 줄기
생강
엑스트라버진 올리브유 30g
소금

how to

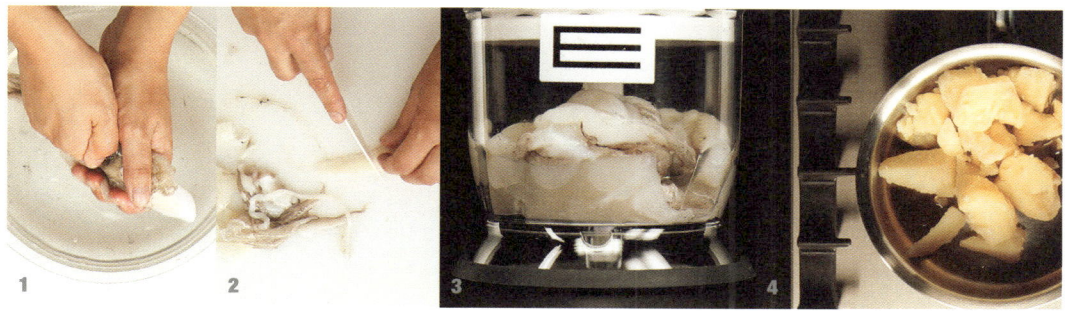

1 오징어의 창자와 껍질을 제거하고 깨끗이 씻어 줍니다. **2** 오징어를 듬성듬성 자릅니다. **3** 오징어를 커터에 넣고 갈아 줍니다. **4** 감자 크림을 준비합니다. 감자를 삶아 껍질을 벗기고 대충 조각을 낸 후 기름을 두른 냄비에 넣습니다.

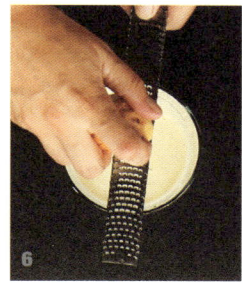

5 감자를 볶다가 우유를 추가합니다. 우유가 졸아들면 물을 추가하고 소금으로 간을 합니다. 끓기 시작하면 곧바로 불을 끄고 올리브유와 함께 갈아 줍니다. **6** 생강을 갈아 넣고 섞습니다. **7** 수저 두 개에 물을 조금 묻혀 오징어 간 것으로 뇨키 모양을 만듭니다.

8 대나무 찜기에 유산지를 깔고 뇨키를 올려 놓습니다. 냄비에 물을 끓인 후 찜기를 올리고 뚜껑을 덮어 5분간 찌세요. **9** 깊이가 있는 접시에 감자 크림을 펼쳐 놓습니다. **10** 오징어 뇨키를 놓고 약간의 올리브유와 마조람 잎 몇 장을 올려 마무리합니다.

주키니, 샤프란 뇨키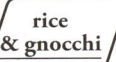

식욕을 자극하는 맛있는 요리입니다. 주의해야 할 점은 향기를 약간만 넣어야 최고의 결과물이 나올 수 있다는 것입니다. 감자는 물기가 없어야 하고 되도록이면 묵은 감자를 사용하는 것이 좋습니다. 샤프란은 반드시 꽃술 그대로를 사용하고, 주키니 호박은 아주 신선해야 합니다. 감자를 알루미늄 호일에 싸서 오븐에 통째로 굽는 방법을 선호합니다. 그렇게 하면 감자가 그대로 유지되고 특히 수분이 추가되지 않기 때문입니다. 뇨키를 완벽하게 만들려면 감자가 식기 전에 포테이토 메셔로 으깨야 합니다. 안 그러면 끈기가 생겨 버리죠. 부드럽고 달콤한 주키니 크림에 상큼한 토마토, 짭짤한 리코타 치즈, 날호박과 만난 뇨키가 조화롭고 신선한 풍미를 선물할 것입니다.

라마토 토마토 1개 (플럼 토마토 사용 가능)
가염 리코타 치즈 60g
감자 1000g
강력분 300g
물 125g
달걀 50g
주키니 호박 400g
대파 1대
샤프란 꽃술 0.5g
엑스트라버진 올리브유
고운 소금, 굵은 소금

○가염 리코타 치즈가 없을 경우 리코타 치즈 100g에 소금 1.5g정도 섞어준다.

how to

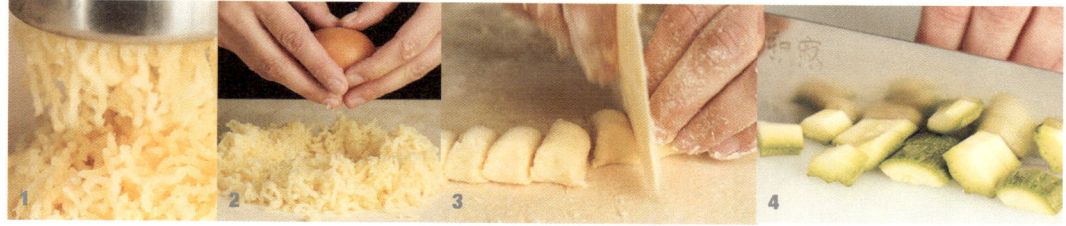

1 감자는 세 가지 방법으로 익힐 수 있습니다. 차가운 물에 감자를 넣고 끓이거나 130°C의 오븐에서 굽거나(이 경우 알루미늄 호일로 감싸서 구워야 합니다), 가장 흔한 증기로 찌는 방식을 이용할 수 있습니다. 어떤 방식이든 감자를 익혀 껍질을 벗기고 뜨거울 때 포테이토 메셔로 으깨세요. **2** 감자가 아직 미지근할 때 뇨키를 반죽합니다. 그래야 밀가루를 덜 흡수합니다. 으깬 감자에 달걀과 체에 내린 밀가루를 섞습니다. **3** 반죽을 원통형으로 만든 후 잘라 뇨키를 만듭니다. 크기는 여러분이 원하는 대로 조절하면 됩니다. 이 상태로 사용해도 되고, 냉동해 두었다가 다음에 사용해도 됩니다. 별도로 해동할 필요도 없습니다. **4** 주키니 호박 하나는 따로 두고, 나머지 호박들을 4등분으로 자릅니다. 안쪽의 흰부분(씨가 들은 부분)을 잘라내고 깍둑썰기합니다.

5 대파를 곱게 썰어 줍니다. **6** 프라이팬에 대파를 넣고 볶다가 주키니 호박과 물, 샤프란 꽃술을 추가한 후 불을 낮추고 익히세요. **7** 방망이형 믹서로 6의 야채들을 간 후, 소금으로 간을 맞추세요. 그리고 고운 체에 걸러 냄비에 담으세요.

 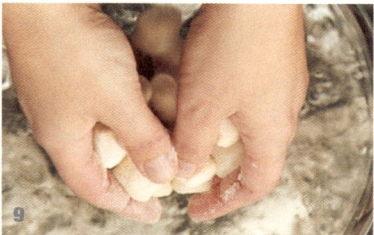 

8 토마토의 윗면에 십자 모양으로 칼집을 냅니다. 끓는 물에 10초간 데친 후 얼음물이나 아주 차가운 물에 담그세요. 찬물에서 꺼내 껍질을 벗기고 4등분해서 안쪽에 씨와 젤리 부분을 제거합니다. 그리고 사각썰기해 둡니다. **9** 넉넉한 양의 물에 소금을 넣고 끓이다가 뇨키를 넣고 삶아 줍니다. **10** 프라이팬에 주키니 호박 크림을 데우고, 뇨키가 익으면 건져 넣습니다. 사각썰기해 둔 토마토도 추가해서 잘 섞습니다. **11** 깊이가 있는 접시에 담고 조리하지 않은 주키니 호박과 가염 리코타 치즈를 올리면 완성입니다.

recipe 43

홍합, 감자 리소토

이 요리에는 이탈리아 중남부 지역, 그중에서도 특히 풀리아와 인근 바다 지역의 전통이 그대로 담겨 있습니다. 여기서 소개하는 레시피는 전통은 지키지만 고전적인 방법과 달리 동시에 조리하는 기술을 사용합니다. 모든 재료를 따로따로 적어도 3/4 정도 익힌 후 마지막에 모두 모아 맛을 조합합니다. 이런 과정으로 요리하면 아주 다양한 재료들의 강도와 질감은 물론 맛도 선명하게 유지하는 데 도움이 됩니다. 홍합의 신선도와 질이 이 요리의 핵심입니다. 그래서 홍합을 너무 많이 익히지 않고 즙이 남아 있도록 살짝만 가열합니다.

이탈리안 파슬리(프레쩨몰로) 10g
엑스트라버진 올리브유 20g
쌀 320g
홍합 700g
익힌 감자 4개
다진 파 20g
화이트 와인 50g
소금

○이탈리안 파슬리(프레쩨몰로): 잎이 평평한 파슬리

how to

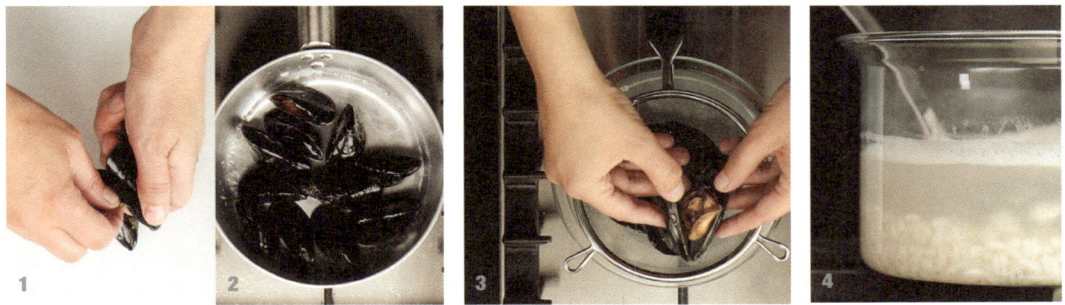

__1__ 홍합을 고를 때는 입을 다문 것만 신경 써서 고르세요. 깨끗이 씻어 족사*(조개가 암석이나 해조에 몸을 붙이고 있던 질긴 경단백질 섬유 다발)를 잘라내 버리고 곧바로 조리를 준비합니다. __2__ 프라이팬을 불에 올리고 물과 함께 홍합을 넣어 줍니다. 뚜껑을 덮고 홍합이 입을 벌릴 때까지 두세요. __3__ 홍합 프라이팬을 불에서 내리고 체에 내려 국물을 받으세요. 홍합은 껍질을 제거합니다. __4__ 다른 냄비에 물을 끓입니다. 소금을 풀고 쌀을 넣어 알 덴테 상태로 익혀 줍니다.

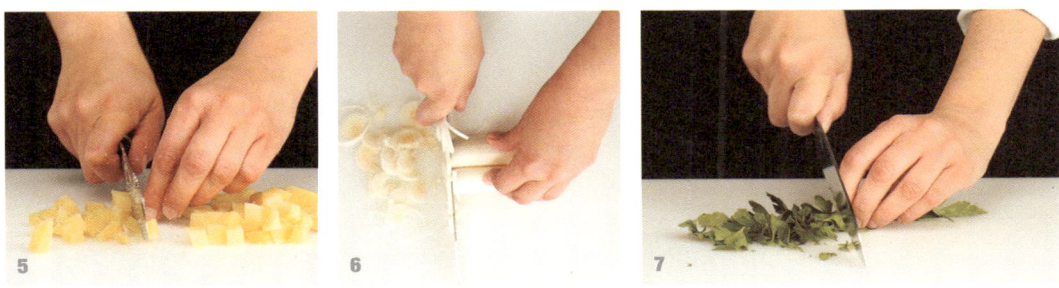

__5__ 쌀을 익히는 동안 익힌 감자를 일정한 크기로 깍둑썰기합니다. __6__ 파를 편으로 썰어 줍니다. __7__ 이탈리안 파슬리를 잘게 썰어 줍니다(특유의 맛이 지속되게 하려면 곧바로 사용하는 것이 좋습니다).

__8__ 냄비에 기름을 두르고 파를 볶으세요. 감자를 넣고 화이트 와인을 넣어 증발시켜 줍니다. 1분간 가열하다가 홍합 삶은 물을 넣어 섞습니다. __9__ 쌀을 추가하고 3분 정도 가열합니다. __10__ 불을 끄고 홍합을 먼저 섞고, 그 다음으로 이탈리안 파슬리를 넣으세요. 마지막으로 올리브유를 한 번 섞은 후 깊이가 있는 접시에 차려 냅니다.

스캄피 리소토

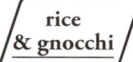 rice & gnocchi

기본적인 리소토 중에는 제 입맛에 딱 맞는 음식을 찾을 수가 없습니다. 맛있는 전통 음식들이 있다는 것은 알지만, 리소토를 저어 포마드가 생기게 하면 재료들이 너무 많이 섞여서 다 똑같아지는 게 좋지 않습니다. 한 가지라도 고유의 맛을 잃지 않고 우리가 먹었을 때 느낄 수 있어야 한다고 생각합니다. 재료 본연의 맛을 잃지 않는 것, 그게 중요합니다. 그래서 가지 새우를 넣은 이 리소토를 떠올렸을 때 갑각류인 가지 새우의 부드러움과 쫀득한 질감, 특유의 단맛을 지킬 수 있는 최선의 방법을 고민했습니다. 그 결과 가벼우면서도 아주 맛있는 현대적인 리소토가 탄생했습니다. 육수는 전혀 들어가지 않고 가지 새우 자체의 즙을 사용하고, 가지 새우살의 단맛과 대조시키려고 페페론치노 가루를 넣었는데 양상추 덕분에 매콤한 맛이 조금 더 부각되는 리소토가 됐습니다.

카르나롤리 쌀 320g(고시히카리 쌀로 대체 가능)
가지 새우 600g(일반 새우 사용 가능)
아이스버그 양상추 120g
화이트 와인 70g
물 1000g
엑스트라버진 올리브유 60g
페페론치노 분말
소금

→ **카르나롤리 쌀**carnaroli rice* 일본 쌀(한국에서 먹는 쌀의 일종. 이탈리아에서는 롬바르디아 지방에서 재배하며 리소토에 많이 사용.

how to

1 가지 새우를 씻어 줍니다. 가위로 눈을 제거하고 껍질과 대가리는 한쪽에 따로 두세요. **2** 새우살을 듬성듬성 잘라 냉장고에 넣어 둡니다. **3** 양상추를 썰어 줍니다.

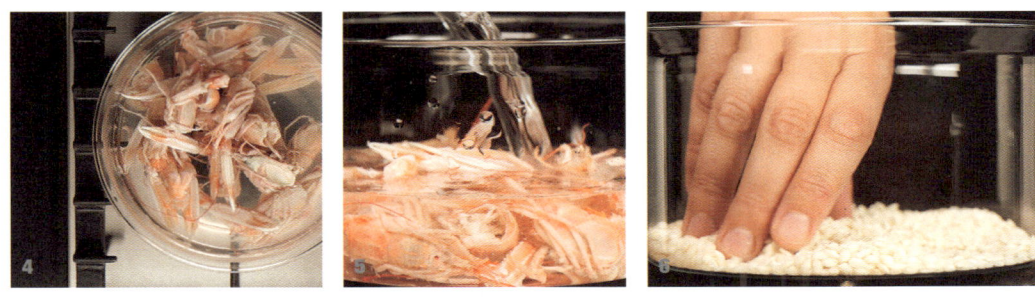

4 냄비에 물을 담아 불에 올리고 껍질과 대가리를 넣으세요. 물이 끓으면 건더기를 건지고, 새우살은 물기를 제거합니다. 이렇게 한 번 데치면 갑각류 특유의 알부민 맛을 제거할 수 있습니다. **5** 냄비에 차가운 물을 받아 새우를 다시 넣고 센 불로 가열하다가 물이 끓으면 불을 낮추고 한 시간 동안 뭉근히 끓입니다. 체에 걸러 건더기는 제거하고 국물만 따끈한 상태를 유지하도록 약한 불에 올려 두고 리소토 만들 준비를 시작합니다. **6** 냄비에 기름을 두르지 말고 건조한 상태의 쌀을 볶아 줍니다.

7 손으로 만져 보았을 때 너무 뜨겁다 싶을 정도로 쌀이 볶아졌으면 화이트 와인을 붓고 쌀을 익히기 시작합니다. 쌀이 익기까지는 보통 16분 정도 걸리는데 쌀의 종류에 따라 조리 시간을 잘 조절해야 합니다. **8** 소금을 넣고 물이 졸아들면 끓인 육수를 조금씩 추가합니다. 쌀이 다 익으면 불을 끄고 새우살을 먼저 넣고 섞어 줍니다. 그 다음에 양상추를 넣으세요. **9** 올리브유를 마지막으로 넣고, 접시에 완성된 리소토를 평평하게 펼쳐 담은 후 페페론치노 가루를 뿌려 차려 냅니다.

밀라네제 리소토

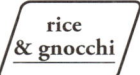

밀라노의 역사를 담은 유서 깊은 음식입니다. 이 레시피의 핵심 요소는 최고 품질의 카르나롤리 쌀과 진한 육수, 좋은 샤프란입니다. 지방의 양이 지나치지 않게 하려고 사골은 넣지 않고 마지막에 포마드를 형성하는 과정에 약간의 버터만 사용합니다. 리소토를 맛있게 만들려면 뜨거운 프라이팬에 쌀을 볶는 과정이 중요합니다. 바닥이 두꺼운 스테인리스 냄비를 사용하는 것이 좋습니다. 손가락으로 만져봤을 때 쌀이 뜨거우면 곧바로 소금을 넣으면 됩니다. 이 정도로 열기가 생겨야 쌀이 소금을 흡수할 수 있기 때문입니다.

파르미지아노 레지아노 치즈 40g(파마산 치즈)
고기 육수(120~121페이지 참조) **840g**
카르나롤리 쌀 320g
버터 80g
화이트 와인 80g
샤프란 꽃술 20개
소금

○샤프란 꽃술은 고가이고 구하기도 힘들기 때문에 생략해도 된다.

how to

1 컵에 샤프란 꽃술과 뜨거운 육수 한 국자를 담으세요. **2** 냄비를 불에 올리고 쌀을 넣고 양손으로 저으면서 볶아 줍니다. **3** 손가락으로 쌀을 더 이상 만질 수 없을 정도로 뜨거워지면 소금을 한 꼬집 넣고 화이트 와인을 부어 쌀에 향과 윤기를 줍니다. 열기 때문에 쌀의 전분이 외부 벽면에 붙을 것입니다. **4** 알코올이 완전히 증발되면, 육수를 추가하면서 리소토를 익히기 시작합니다. 주걱으로 계속 저어 줍니다.

5 쌀이 다 익기 5분 전에 샤프란을 넣고 소금으로 간을 맞춥니다. **6** 쌀이 다 익으면 불을 끄고 실온에 둔 말랑한 버터를 넣고 휘저어 줍니다. **7** 파르미지아노 치즈를 갈아 올려 마무리 합니다. 필요하면 약간의 육수를 넣어 농도를 맞춥니다.

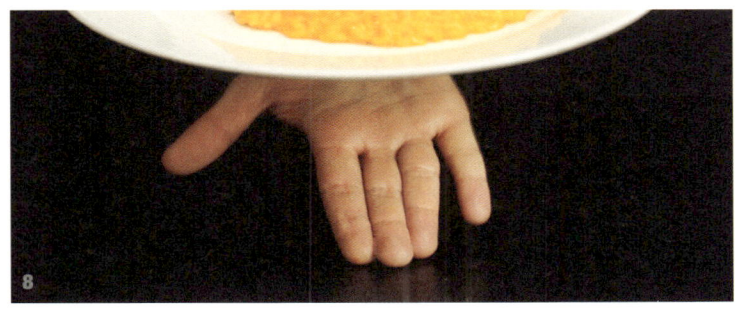

8 리소토가 되도록 접시 바닥에 붙게 담으세요. 접시 밑면을 손으로 치면 쉽게 붙을 것입니다.

주카 리소토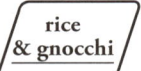

잘 익은 호박으로 만드는, 간단하지만 무척 달콤하고 향긋한 요리입니다. 여러분도 짐작하겠지만 어떤 호박을 고르느냐가 이 리소토의 성공 여부를 결정합니다. 가장 좋은 호박은 전분이 많고 수분은 적은 작은 크기의 개량종입니다. 작은 단호박이 과육이 단단하고 섬유질은 적기 때문에 고기 육수나 지방이 포함된 야채 육수는 사용하지 않습니다. 이 리소토에는 가벼운 호박 육수, 아주 상큼하고 진한 맛을 내는 약간 작은 호박의 즙을 넣는 것이 더 좋습니다.

파르미지아노 레지아노 치즈 60g (파마산 치즈)
호박 육수(120~121페이지 참조) 940g
엑스트라버진 올리브유 20g
카르나롤리 쌀 320g
노란 호박 500g
화이트 와인 80g
버터 60g
소금
흑후추 알갱이

how to

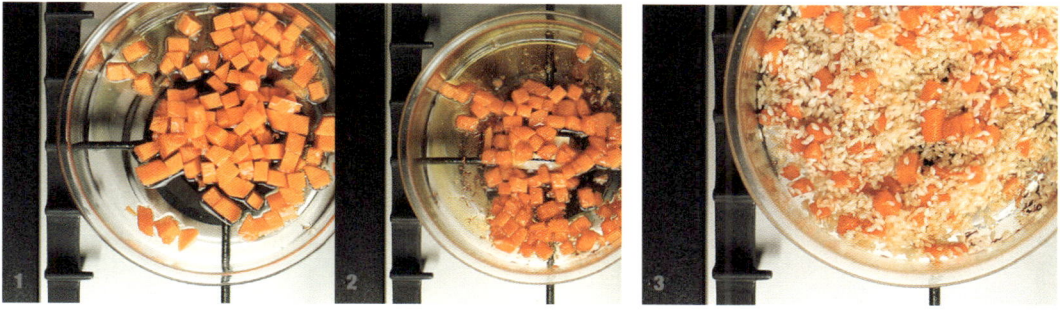

1 호박 껍질을 벗기고 씨도 제거한 후 과육만 깍둑썰기합니다. 냄비를 불에 올리고 기름을 두른 후 썰어 놓은 호박과 소금 한 꼬집을 넣어 줍니다.   **2** 15분 정도 익힙니다.   **3** 호박이 어느 정도 익으면 쌀을 넣고 서서히 볶으면 됩니다.

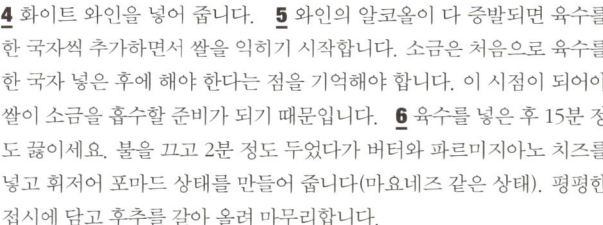

4 화이트 와인을 넣어 줍니다.   **5** 와인의 알코올이 다 증발되면 육수를 한 국자씩 추가하면서 쌀을 익히기 시작합니다. 소금은 처음으로 육수를 한 국자 넣은 후에 해야 한다는 점을 기억해야 합니다. 이 시점이 되어야 쌀이 소금을 흡수할 준비가 되기 때문입니다.   **6** 육수를 넣은 후 15분 정도 끓이세요. 불을 끄고 2분 정도 두었다가 버터와 파르미지아노 치즈를 넣고 휘저어 포마드 상태를 만들어 줍니다(마요네즈 같은 상태). 평평한 접시에 담고 후추를 갈아 올려 마무리합니다.

육수

기본 & 기교

몇 시간 동안 오래 조리해 수분은 없고 지방이 많은 음식은 국물이 가벼워야 합니다. 그래서 음식의 수분은 조리의 기술이 필요한 부분이고 되도록 최대한 가볍고 깔끔해야 한다고 생각합니다. 리소토나 첫 번째 접시를 위한 국물을 소개하겠습니다. 첫 번째는 전통적인 소고기 육수에서 지방을 줄여 가벼워진 육수이고 나머지 두 가지는 다양한 야채를 이용한, 만들기 쉬운 육수입니다.

소고기 육수 재료
물 1000g
소고기 225g
셀러리 25g
양파 1개
당근 1개
정향 1개

호박 육수 재료
물 750g
호박 200g

파 육수 재료
물 800g
파 150g

how to

소고기 육수

1 양파에 정향을 꽂습니다. **2** 냄비에 1ℓ의 차가운 물과 고기를 넣고 불에 올립니다. **3** 씻어서 껍질을 벗긴 셀러리와 당근, 양파를 추가합니다. **4** 센불에서 가열합니다. 육수가 끓기 시작하면 불을 최대한 약하게 줄입니다. **5** 표면에 뜨는 거품을 한 번씩 걷어내 줍니다. **6** 2시간 정도 계속 끓입니다. **7** 육수가 충분히 우러나면 리넨 천이나 거름망에 거릅니다.

호박 육수

1 호박의 껍질과 씨를 제거하고 씻은 후 큼직하게 토막냅니다. **2** 냄비에 차가운 물과 호박을 넣고 불에 올리고 물이 끓으면 불을 낮추고 30분 정도 끓게 둡니다. **3** 다 끓였으면 리넨 천을 올린 체에 걸러 줍니다.

파 육수

1 파를 큼직하게 썰어 줍니다. **2** 차가운 물을 담은 냄비에 파를 넣고 20분 동안 끓입니다. **3** 육수가 우러나면 리넨 천을 올린 체에 부어 파를 걸러냅니다.

살시치아, 샤프란, 파 육수 리소토

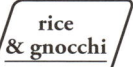 rice & gnocchi

고전적인 방식으로 쌀을 볶는 것이 아니라 건조한 상태로 구워서 만드는 리소토입니다. 육수도 기존의 육수가 아니라 지방은 없고 맛은 진한 파육수입니다. 크림화한 버터가 안 들어가고 엑스트라버진 올리브유만 사용합니다. 각 재료들의 특성을 왜곡하거나 기름지게 만들지 않고 본연의 맛을 최대한 부상시키는 레시피입니다. 살시체 소시지의 지방도 줄였습니다. 향신료의 향이 스민 돼지고기도 맛있지만, 리소토를 무겁게 만들 수 있는 지방을 제거하는 것도 좋습니다.

살시체 소시지 280g(초리조 대체 가능)
샤프란 꽃술 0.2g(생략 가능)
카르나롤리 쌀 320g
마르살라 드라이 와인
(혹은 드라이 화이트 와인) 20g
파 육수(120~121페이지 참조) **840g**
파르미지아노 레지아노 치즈 40g
페코리노 로마노 치즈 40g
마조람 잎 8장
엑스트라버진 올리브유 40g
소금

○ 살시체 소시지: 내장에 양념한 돼지고기를 채운 순대같은 소시지

how to

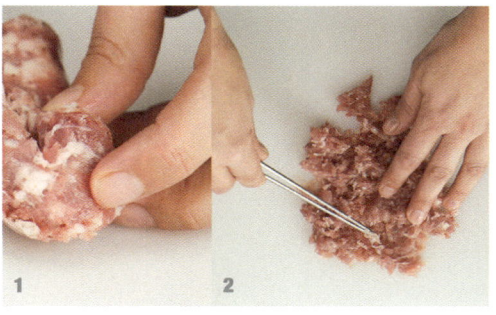

1 살시체 소시지의 배를 갈라 껍질을 벗겨내고 도마에 놓고 칼의 옆면으로 짓누릅니다. **2** 주방용 핀셋으로 여분의 지방을 떼어내고 칼로 짓누르며 늘인 후 새로운 면의 지방을 떼어냅니다. 이 작업을 반복해서 전체적으로 살시체 소시지의 지방을 제거합니다. **3** 컵에 약간의 육수와 샤프란 꽃술을 담가 두세요. **4** 냄비를 불에 올리고 손으로 저어가며 쌀을 구워 줍니다. 손가락으로 더 이상 쌀을 만질 수 없는 상태가 되면 쌀이 다 구워진 것입니다.

5 마르살라 와인으로 쌀에 윤기를 줍니다. 이때 소금을 넣어도 됩니다. **6** 와인의 알코올이 완전히 증발되면 육수를 넣고 쌀을 익히기 시작합니다. **7** 10분 정도 끓이다가 살시체 소시지를 추가합니다.

8 살시체를 넣고 1분쯤 지난 후 샤프란을 넣고 5분 더 끓입니다. **9** 쌀이 다 익으면 불을 끄고 올리브유와 파르미지아노, 페코리노 치즈를 넣고 휘저어 포마드를 만듭니다. **10** 평평한 접시 바닥에 리소토를 골고루 펼쳐지도록 담으세요. 마조람 잎을 뿌려 마무리합니다.

파, 카치오카발로 리소토

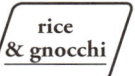
rice & gnocchi

영양가가 풍부해서 한 접시 음식으로 차려도 손색이 없는데다가 탁월한 맛을 자랑하는 식도락 요리입니다. 숙성 치즈가 맛의 강도를 높이고 파의 달큰한 맛은 그와 대조를 이룹니다. 완성된 리소토는 식욕을 자극하는 맛있는 치즈와 함께 포마드를 올린 밥을 파 크림이 감싸고 있습니다. 치즈의 숙성 정도가 강하면 강할수록 리소토도 톡 쏘는 자극적인 맛도 세진다는 것을 기억하고 있기를 바랍니다.

카치오카발로 220g(체다치즈로 대체 가능)
카르나롤리 쌀 320g
파 1000g
화이트 와인 30g
물 1000g
엑스트라버진 올리브유 30g
소금

○카치오 카발로: 우유로 만든 표주박 모양의 세미하드 치즈

how to

1 파를 곱게 썰어 줍니다. **2** 아주 약한 불에서 엑스트라버진 올리브유를 두르고 파를 볶으세요. 약간의 물을 추가해 익히기 시작합니다. **3** 방망이형 믹서로 갈아 줍니다. **4** 카치오카발로 치즈의 껍질을 제거하고 주사위 모양으로 자릅니다.

5 프라이팬을 달궈 기름을 한 번 두른 후 쌀을 넣고 볶아 줍니다. **6** 화이트 와인을 추가하는데, 와인의 온도는 차가워야 합니다. 소금으로 간을 합니다. **7** 끓는 물을 조금씩 추가하면서 계속 쌀을 익힙니다.

8 조리가 거의 마무리 될 즈음, 파 크림을 넣고 몇 분 더 가열합니다. **9** 불을 끄고 카치오카발로 치즈를 넣고 휘저어 포마드를 형성합니다. **10** 리소토가 너무 뻑뻑하면 뜨거운 물을 조금 추가해서 크림 같은 농도를 만듭니다. 평평한 접시에 담아 차려 냅니다.

라이스 고로케

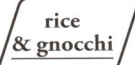

이 음식의 기원지는 로마 지방이지만 이탈리아 전역에 퍼져 어디서든 흔히 볼 수 있는 길거리 음식이 됐습니다. 만들기는 간단하지만 다음 세 가지는 반드시 신경 써야 합니다. 일단 쌀이 서로 들러 붙으면 안 되기 때문에 너무 익히면 안 됩니다. 두 번째는 모차렐라 치즈가 잘 녹아 있는 상태로 실이 생겨야 합니다. 양손으로 찢으면 모차렐라 치즈가 길게 늘어진다고 해서 예전에는 '전화기 크로켓'이라고 부르기도 했습니다(초창기 꼬불거리지 않는 선이 수화기에 연결된 전화기 모델을 사용하던 시절). 이 레시피로 만든 크로켓은 치즈도 잘 늘어나고 맛도 좋습니다. 마지막으로 주의해야 할 점은 기름의 온도입니다. 기름의 온도가 너무 높으면 크로켓의 겉만 익고 모차렐라 치즈는 녹지 않습니다.

카르나롤리 쌀 400g
토마토 퓌레 400g
물 680g
다진 양파 60g
바질 잎 10장
파르미지아노 레지아노 치즈 100g
모차렐라 치즈 200g
빵가루 200g
달걀 3개
땅콩기름
엑스트라버진 올리브유
밀가루
소금
후추

how to

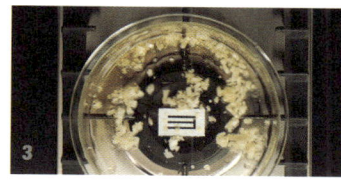

1 모차렐라 치즈를 잘게 깍둑썰기합니다(한 조각당 10g 정도). **2** 양파를 씻어 다집니다. **3** 입구가 넓은 냄비를 불에 올리고 기름을 한 번 두른 후 양파를 넣고 6~7분간 볶으세요. **4** 양파가 거의 물러진 상태가 되면 쌀과 토마토, 바질을 추가합니다. 차가운 물도 80g 정도 넣어 줍니다. 위에 제시한 전체 물의 양에서 80g만 넣는 것입니다.

5 소금을 넣고 맛이 스미도록 한 후, 남은 물을 추가합니다. **6** 뚜껑을 덮고(뚜껑이 없으면 유산지로 입구를 꼼꼼하게 덮어도 되요) 15분간 조리합니다. 쌀이 살짝 덜 익은 알 덴테 상태가 될 때까지 익히면 됩니다. **7** 불을 끄고 파르미지아노 치즈를 넣은 후 잘 저어 줍니다. **8** 완성된 토마토 리소토가 남은 열로 더 익지 않게 쟁반에 잘 펼쳐놓습니다. **9** 필요할 경우 손에 물을 조금 묻히고 80g 정도의 공 모양을 만듭니다. **10** 손가락으로 가운데 구멍을 내고 하나당 약 10g의 모차렐라 치즈를 넣은 후 다시 잘 덮어 줍니다.

11 볼 세 개를 준비해 밀가루와 풀어 놓은 달걀, 빵가루를 담아 두세요. 10의 리소토볼에 밀가루에서 달걀, 빵가루 순으로 튀김옷을 입혀 줍니다. 크로켓을 두툼하게 만들고 싶으면 튀김옷 입히는 과정을 한 번 더 거치면 됩니다. **12** 프라이팬에 땅콩기름을 채우고 160°C까지 온도를 올립니다. 거름 국자를 사용해 크로켓을 조심스럽게 기름에 넣고 5분 정도 튀깁니다. 기름종이를 깔아 둔 접시에 건져낸 후 뜨거울 때 차려 냅니다.

무청, 병아리콩, 익반죽 뇨키 스프

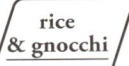

다양한 재료들이 풍부하게 들어가서 향기와 맛이 일품인 따뜻한 겨울 음식입니다. 이 뇨키를 만드는 방법이 특이한데 냄비에서 물과 올리브유, 약간의 산을 넣어 밀가루를 먼저 조리해서 만들기 때문입니다. 익힌 밀가루에 열기가 남아 있을 때 작업대로 옮겨 달걀을 넣고 반죽을 하는데 이 방법을 사용하면 뇨키를 미리 익힌 상태이기 때문에 껍질이 벗겨지거나 부서지는 일이 전혀 없습니다. 이 뇨키는 냉동하기도 좋고 냉동고에서 꺼내자마자 조리할 수도 있습니다. 병아리콩의 부드러움과 토마토의 달콤함, 무청의 쌉싸름함이 요리의 깊이와 맛을 한층 더 완벽하게 해준답니다.

병아리콩 480g
강력분 400g
물 250g
달걀 노른자 2개
셀러리 줄기 1
당근 1개
토마토 퓌레 200g
무청(잎) 100g
향신료 묶음 (부케가르니)
(로즈마리, 타임, 마늘, 마조람)
마늘 1/2쪽
페페론치노 가루
화이트 와인 1/2 작은술
엑스트라버진 올리브유 40g
소금

how to

1 넉넉한 양의 냉수에 하룻밤 동안 병아리콩을 담가 두세요. **2** 잘 불려진 병아리콩을 헹군 후 차가운 물에서 셀러리, 당근과 함께 낮은 불에서 한 시간 정도 삶아 줍니다. 거의 다 삶아진 것 같으면 소금과 향신료 묶음을 추가합니다. 불을 끄고 병아리콩이 국물에 담긴 채로 식혀 줍니다. **3** 냄비를 불에 올리고 물 250g과 올리브유, 식초를 넣으세요. 물이 끓으면 곧바로 밀가루를 넣고 몇 초 동안 저어 줍니다. **4** 뜨거운 상태의 밀가루 혼합물을 작업대에 쏟아 놓고 섞으면서 달걀 노른자를 추가합니다. 반드시 반죽이 뜨거운 상태에서 반죽해야 합니다. **5** 밀대로 반죽을 늘여 놓고 파스타 커터로 띠 형태로 자릅니다. **6** 스크레이퍼로 잘라 놓은 띠 모양 반죽을 뇨키 크기로 자르고 손가락으로 가운데를 한 번 집어 줍니다. **7** 방망이형 믹서로 병아리콩의 일부를 갈아 줍니다. 콩을 삶았던 물을 조금 넣어줍니다.

8 무청의 부드러운 부분을 남기고 다듬어 씻은 후 듬성듬성 자릅니다. **9** 냄비를 불에 올리고 기름을 한 번 두른 후 마늘을 넣고 볶으세요. 병아리콩을 추가하고, 마늘의 색이 변하기 전에 꺼내 줍니다. **10** 병아리콩 크림을 넣고(체에 한 번 걸러줍니다), 토마토 퓌레와 페페론치노 가루를 한 꼬집 넣어 줍니다.

11 넉넉한 양의 물에 소금을 넣고 끓이다가 뇨키를 넣고 삶아지면 병아리콩과 토마토가 들어 있는 냄비로 곧바로 건져 냅니다. **12** 무청을 추가하고 불에서 내리고 오목한 접시에 담고 올리브유를 한 번 둘러 마무리합니다.

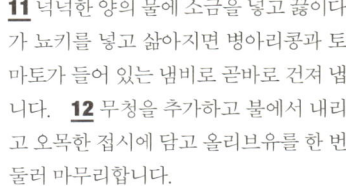

unforketable.it

FISH

생선

생선과 조개 세척법

기본 & 기교

이번 장은 이제부터 소개할 요리들을 하려면 반드시 사용해야 하는 생선의 손질에 대한 실용적인 방법 몇 가지를 소개하는 것부터 시작하려 합니다. 생선은 사실 육류보다 손질하는 데 기술이 필요하기는 합니다. 내장과 뼈, 비늘을 제거하고, 포를 뜨거나 살을 바르는 일이 정말 간단하지 않은 일이고, 그렇다고 매번 생선 가게에 해달라고 부탁할 수도 없기에 이 책의 레시피에서 가장 다루기 힘든 부분을 손질할 때 도움이 될 만한 작은 힌트를 알려주고자 합니다.

how to

멸치

1 머리부분의 뼈를 부러뜨려 조심스럽게 떼어 냅니다. **2** 내장을 제거합니다. **3** 가시를 따라가면서 몸통을 편으로 갈라 줍니다. **4** 꼬리가 잘리지 않게 주의합니다.

 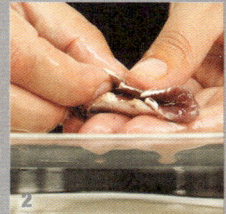 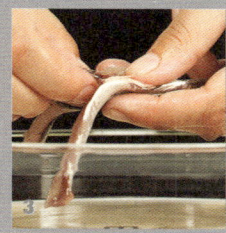 

꼴뚜기

1 찬물로 꼼꼼하게 헹구세요. **2** 등지느러미라고 할 수 있는 부분에 들어 있는 얇고 투명한 뼈를 제거해 줍니다. 꼴뚜기가 아주 작으면 이 부분이 아직 형성되지 않았을 수도 있습니다. **3** 몸통을 반으로 갈라 내장을 제거합니다. **4** 눈을 떼어 냅니다.

오징어

1 찬물로 꼼꼼하게 헹구세요. **2** 등뼈, 즉 하얗고 투명한 부분을 빼냅니다. **3** 내장을 제거합니다. **4** 칼로 눈을 잘라내고 주둥이도 떼내세요. **5** 붉은색 껍질을 벗겨 줍니다.

  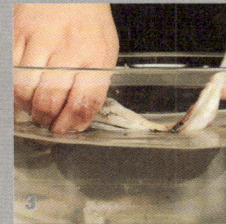 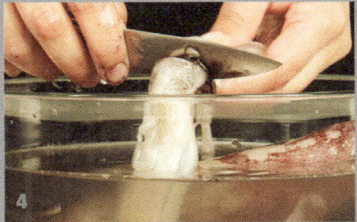

how to

아귀

1 배부터 가르기 시작해 간과 내장을 빼냅니다. **2** 아귀를 뒤집어 위에서 아가미를 들어 올려 길게 도려냅니다. **3** 뼈 위로 칼집을 힘차게 집어 넣어 머리를 자릅니다. **4** 껍질을 벗기세요. **5** 속껍질도 제거합니다. **6** 뼈를 따라가면서 살을 바릅니다. **7** 살코기가 두 조각 나오면 아귀 손질은 끝입니다.

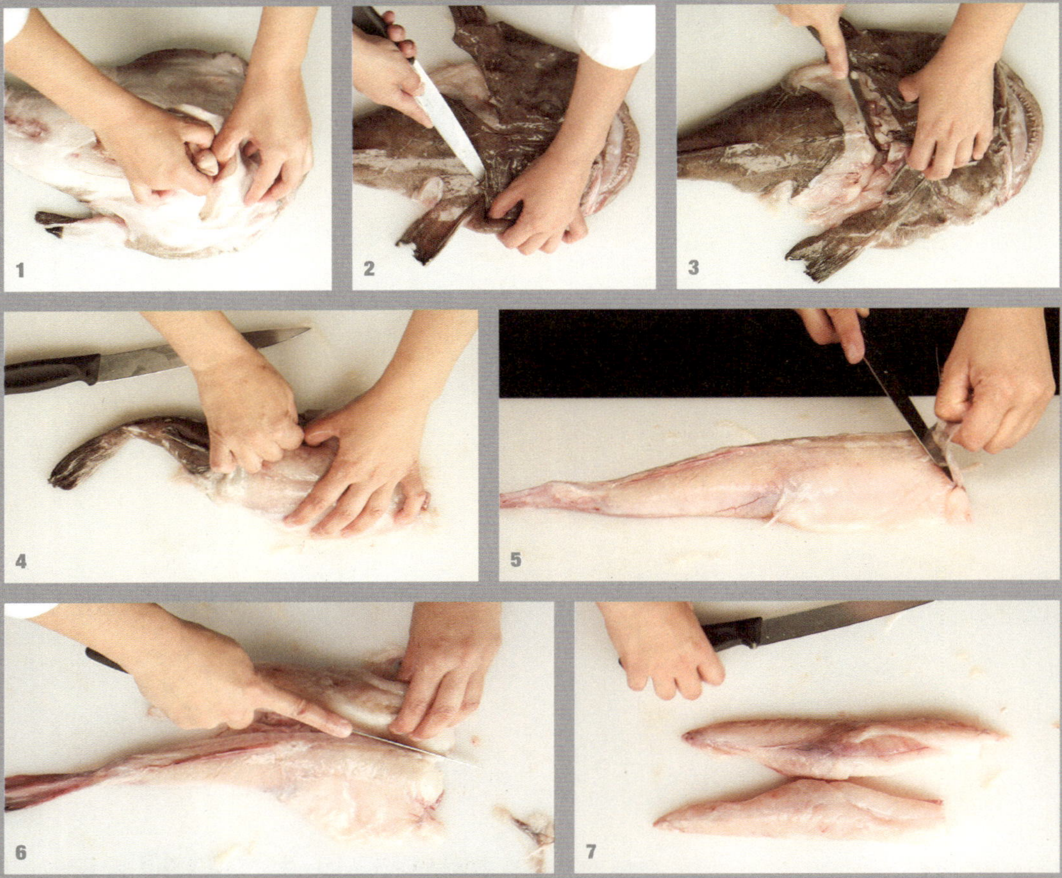

새우

1 머리와 다리를 떼냅니다. **2** 껍질을 벗기고 등 부분에 칼집을 낸 후 조심스럽게 내장을 빼냅니다.

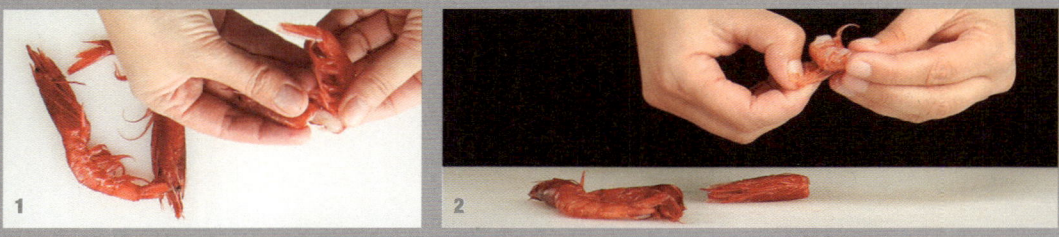

대구

1 배 부분부터 가르기 시작합니다. 가위로 배에서 머리 쪽으로 전체적으로 길게 자릅니다. **2** 아가미부터 시작해 내장을 제거합니다. **3** 아가미 뒤쪽을 자릅니다. **4** 대구를 뒤집어 윗부분에서도 머리 주위를 자릅니다. 이제 머리가 떨어질 것입니다. **5** 윗부분부터 시작해 뼈를 따라 길게 가르세요. **6** 이제 옆으로 45도 돌려 옆으로 놓고 꼬리부터 시작해 뼈를 따라 칼을 밀어가면서 살과 분리합니다. **7** 양쪽 옆 부분의 가시와 꼬리까지 잘라내 깔끔한 대구 살만 발라 놓습니다.

낙지와 주꾸미

1 눈을 제거합니다. **2** '이빨'을 촉수 가운데 쪽으로 잡아 당겨 줍니다. **3** 주머니를 뒤집듯 낙지 머리를 뒤집으세요. **4** 내장을 제거하고 잘 헹궈줍니다.

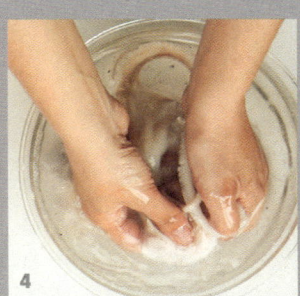

how to

넙치

1 표면의 색이 진한 쪽(윗부분)에서 가운데 뼈를 찾은 후, 꼬리부터 손으로 눌러 더듬어 가면서 잘 드는 칼로 자르기 시작합니다. **2** 처음에는 가시, 그 다음에는 넙치의 윤곽을 따라가면서 칼질합니다. **3** 반대쪽도 꼬리 부분부터 시작해 가시에 붙은 살을 도려내세요. **4** 이렇게 해서 한 마리에서 두 장의 넙치살을 만듭니다.

가지새우

1 가위로 눈을 잘라냅니다. **2** 머리를 떼냅니다. **3** 새우를 잡고 한 번 눌러 줍니다. **4** 조심스럽게 껍질을 벗겨 줍니다. **5** 새우살을 껍질과 분리합니다. **6** 조심스럽게 내장을 제거합니다. 머리와 껍질은 육수나 스프, 드레싱을 만들 때 사용할 수 있습니다.

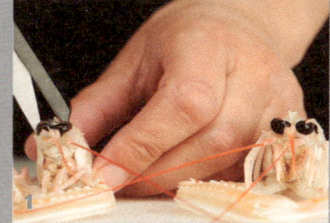  
  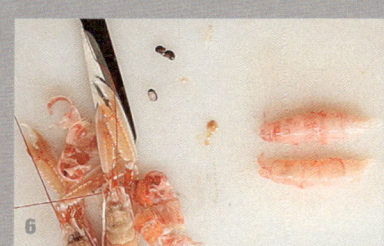

쏨뱅이

1 윗부분의 가시를 잘라냅니다. 찔리지 않게 조심해야 합니다. **2** 옆지느러미와 아래 지느러미를 제거합니다. **3** 배 가운데 구멍을 뚫고, 이 구멍을 시작으로 배를 가릅니다. **4** 내장을 제거합니다.

 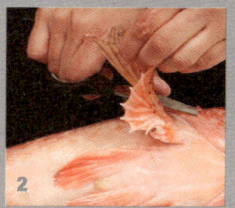 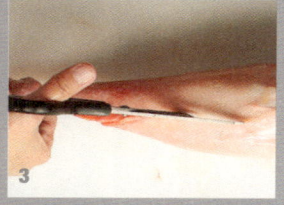 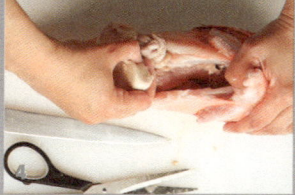

how to

가자미

1 꼬리 부분에서 부터 시작해 지느러미를 따라가며 칼질을 합니다. **2** 한 손으로 꼬리를 잡고, 다른 손으로 윗부분의 짙은색 껍질을 힘있게 잡아당겨 벗겨 줍니다. **3** 등뼈를 따라 길게 가자미를 자릅니다. **4** 뼈를 따라 가면서 조심스럽게 살을 발라내세요. **5** 이렇게 하면 한 마리에서 가자미살이 두 장 나옵니다.

또따노(오징어의 일종)

1 찬물로 꼼꼼하게 헹구세요. **2** 몸통을 절반으로 자르고 내장을 제거합니다. **3** 눈을 잘라내고 깨끗이 헹굽니다.

멸치 튀김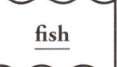

멸치 튀김은 원래 소박한 음식이지만 치즈와 바질로 풍부해진 빵가루에 튀기면 고급스럽고 식욕을 자극해 주목받는 요리가 됩니다. 전채 요리나 메인 코스로 낼 수도 있지만, 종이 봉투에 튀김을 담아 파티에 내놓으면 먹음직스런 핑거푸드로도 손색이 없습니다. 주의해야 할 점은 튀김 옷을 미리 입혀 놓든 나중에 묻히든 간에 튀김을 하기 전에 멸치를 최소한 30분 동안 냉장고에 넣어둬야 한다는 것입니다. 온도의 변화 때문에 단시간에 껍질은 바삭거리고 멸치의 살은 너무 익지 않은 상태로 부드럽게 튀겨낼 수 있습니다.

생멸치 200g
빵가루 100g
페코리노 로마노 치즈 60g
마늘 1/2쪽
바질 잎 10장
달걀 60g
강력분 60g
땅콩기름 1000g
소금

how to

1 멸치는 아주 신선한 것으로 준비합니다. 몸통 중앙의 뼈와 내장, 머리를 제거하고 세척합니다(133페이지 참조). 멸치는 두 장으로 살을 가를 필요는 없습니다. 손질이 끝나면 냉장고에 넣어 두세요. **2** 페코리노 치즈를 채에 내려 줍니다. **3** 바질 잎을 씻어 물기를 잘 털어낸 후 빵가루와 함께 커터로 갈아 줍니다. 빵가루가 눅눅해지지 않도록 바질은 한 번에 조금씩 넣어야 합니다. 마늘 반쪽도 넣고 페코리노 치즈도 모두 섞어 줍니다.

4 빵가루를 체에 내려 아주 곱고 입안에서 부드럽게 부서지는 튀김옷을 만들어 둡니다. **5** 멸치에 밀가루와 달걀(방망이형 믹서로 섞어 둔 것), 빵가루 순으로 튀김옷을 입혀 줍니다.

6 멸치를 냉장고에 넣어 30분 동안 휴지합니다. 차가운 온도의 멸치가 끓는 기름과 접촉하면 가볍고 바삭한 튀김이 만들어집니다. **7** 땅콩기름을 160°C로 가열해 튀깁니다. 다 튀겨지면 유산지에 건져 놓고, 소금을 살짝 뿌린 후 따끈할 때 차려 냅니다.

바칼라(말린 대구) 튀김과 오렌지 마멀레이드

쉽고 간단해서 한 번쯤 해볼 만한 이 음식은 튀김옷을 입힌 고전적인 말린 대구에서 시작해 짭짤함과 달콤함이 대조되는 풍부한 맛의 전채 요리로 진화했습니다. 튀김옷의 달콤함과 오렌지 마멀레이드의 강한 향기의 조합이 상당히 흥미로운 조화를 이룬답니다.

염분을 제거한 대구 600g
엑스트라버진 올리브유 30g
오렌지 2개
설탕 20g
회향 작은 것 1
맥주 130g
밀가루 90g
땅콩기름 1000g
소금

○ 염분을 제거한 대구: 절인 대구를 우유에 넣어 2시간 정도 둔다. 생대구를 그냥 사용해도 된다.

how to

1 말린 대구의 껍질과 가시를 제거하고 깨끗이 씻어 줍니다. 가로세로 약 6cm x 10cm 크기로 자릅니다. **2** 회향을 반 갈라 잘게 잘라 둡니다. **3** 믹싱볼에 맥주와 밀가루를 섞어 튀김옷을 준비합니다. 얼음물을 담은 그릇 위에 믹싱볼을 올려 두어 차가운 상태를 유지합니다. **4** 오렌지 껍질을 벗기고 가운데 하얀 심지도 제거한 후 편으로 썰어 줍니다. **5** 냄비에 자른 오렌지와 약간의 설탕을 넣으세요. **6** 오렌지를 15~20분간 가열합니다.

7 대구에 3의 반죽을 입히는데 튀김옷은 언제나 차가운 상태여야 한다는 점을 잊지 않아야 합니다. 땅콩기름의 온도를 160°C까지 올려 대구를 튀깁니다. 이때 한 가지 팁은 기름의 온도가 내려가지 않게 하려면 대구 한 조각을 꺼내고 난 후 잠시 기다렸다가 다음 대구를 넣으면 됩니다. 하나당 약 5분간 튀긴 후 유산지에 건져 놓으세요. **8** 회향과 올리브유, 소금으로 양념을 합니다. **9** 평평한 접시에 대구를 놓고 그 옆에 오렌지 마멀레이드와 회향을 곁들여 차려 냅니다.

recipe 54

페페로니, 감자 바칼라 만테카토

맛과 질감의 균형이 탁월한 음식입니다. 이 부드러운 대구 무스는 메인 요리로나 전채로, 혹은 핑거푸드 등 매우 다양하게 차릴 수 있고, 응용할 수 있는 방법도 많습니다. 폴렌타로 크루통을 만들어 함께 내거나 빵에 발라도 상당히 맛있을 것입니다. 가볍게 훈제한 피망 크림과 바삭한 감자튀김의 부드러움과 기름진 맛의 조합이 기존의 그 어떤 레시피도 따라올 수 없을만큼 훌륭합니다.

염분을 제거한 말린 대구 400g
삶은 감자 100g
생 감자 120g
대파 60g
적피망 2개
화이트 와인 식초 2큰술
바질 잎 8장
땅콩기름 500g
엑스트라버진 올리브유 70g
소금

○ 염분을 제거한 말린 대구: 생대구나 염분을 제거한 대구를 건조기에 꾸덕하게 말려 사용 가능하다.

how to

1 소금기를 없애고 세척한 후 껍질까지 제거한 대구를 사각형으로 자릅니다. **2** 감자 껍질을 벗겨 얇게 썰어 줍니다. **3** 차가운 물에 감자를 담가 갈변을 막아 줍니다. 이렇게 물에 담가두면 전분이 제거돼 튀겨도 부드럽습니다. 단, 튀기기 전에 물기를 잘 제거해야 합니다. **4** 대파는 채썰고 삶은 감자는 듬성듬성 자르고 바질은 잘게 다집니다. **5** 스테이크용 그릴팬을 불에 올려 달군 후 피망을 올리고 가끔 뒤집어 가면서 구워 줍니다. **6** 피망이 익으면 그릇에 옮겨 담고 비닐랩으로 덮어 줍니다. 그러면 그릇이 증기가 가득 찬 '밀폐실'이 되어 껍질을 벗기기 수월해집니다. 10분 정도 기다렸다가 껍질을 벗기고 소금과 올리브유, 식초와 함께 방망이형 믹서로 갈아 줍니다.

7 스테인리스 냄비를 불에 올리고 올리브유를 두른 후 열이 오르면 대파를 넣고 대파가 익으면 대구를 넣고 수분이 완전히 날아갈 때까지 볶아 줍니다. **8** 이제 익힌 감자를 넣고 색이 나도록 볶으면 됩니다.

9 땅콩기름을 170 °C까지 가열해 편으로 썰어 둔 감자를 바삭해질 때까지 튀깁니다. 다 튀겨지면 유산지에 건져 놓고 소금을 뿌립니다. **10** 커터에 대구와 엑스트라버진 올리브유를 넣고 크림화될 때까지 갈아 줍니다. 조금 더 가볍게 만들고 싶다면 기름 대신 물을 넣으면 됩니다. 부드러운 크림이 완성되면 짤주머니에 담으세요. **11** 깊이가 있는 접시에 담그 피망 소스와 튀긴 감자, 바질 간 것을 올려 차려 냅니다. 이때 한 가지 주의할 점이 있는데, 차려 낼 때 각 재료의 온도가 너무 높으면 안 됩니다.

recipe 55

무청과 케이퍼 소스, 토마토를 채운 오징어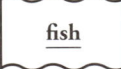

만들기 쉽고 재료비도 적게 드는 이 음식은 응용 요리도 무척 많습니다. 먹다 남은 음식을 재활용할 수도 있는 생선 요리입니다. 실제로 오징어 안에 감자와 빵과 함께 전날 먹다 남은 음식을 넣을 수 있습니다. 여기서는 아주 간단하고 가벼운 재료들을 선택했습니다. 게다가 오징어를 프라이팬에서 익히는 것이 아니라, 기름을 별도로 추가하지 않고 오븐에서 직화하는 방식으로 조리해서 두 배는 더 가벼운 요리로 재탄생했습니다.

오징어 8마리
시금치 100g
방울 토마토 2
삶은 감자 40g
염분을 제거한 케이퍼 8
감자빵가루 50g
마늘 1/2쪽
화이트 와인 식초 20g
화이트 와인
레몬 제스트 4g
엑스트라버진 올리브유
소금
후추

○감자빵 가루: 국내에서 구하기 힘드므로 감자빵을 건조기에서 말려 빻은 뒤 살짝 구워 사용

how to

1 소스를 준비해 봅시다. 토마토를 데쳐 껍질을 벗기고 사각형으로 자릅니다. **2** 오징어를 자르지 말고 내장과 눈, 주둥이만 떼어내고 깨끗이 씻습니다(133페이지 참조). 찬물로 잘 헹구고 촉수도 한쪽에 보관해 두세요. **3** 칼로 오징어의 날개와 촉수를 다집니다. **4** 이제 오징어 속을 채울 것들을 준비할 건데 코팅 프라이팬을 불에 올리고 기름을 한 번 두른 후 케이퍼를 넣고 3에서 다진 오징어를 추가합니다. 화이트 와인을 한 방울 떨궈 잡내를 없애고 불에서 내립니다. **5** 오징어와 삶은 감자, 물 한 방울 정도, 올리브유를 넣고 방망이형 믹서로 갈아 줍니다. **6** 프라이팬에서 시금치를 재빨리 한 번 볶은 후 꺼내서 칼로 듬성듬성 자릅니다. **7** 빵 부스러기를 물에 담그세요.

8 빵 부스러기와 시금치, 오징어 갈아둔 것, 레몬 제스트를 다 함께 섞은 후 소금과 후추로 간을 맞춥니다. **9** 위의 재료들을 잘 섞은 후 오징어에 채워 넣습니다. **10** 끝부분을 이쑤시개로 봉합니다. **11** 170°C의 오븐에서 20분간 구우세요. **12** 오징어가 다 익으면 오븐에서 꺼내 도마에 올려 놓고 한 김 식힌 후 일정한 두께로 썰어 줍니다. **13** 토마토에 양념을 하고 접시 바닥에 펼쳐 놓은 후, 오징어를 올리고 올리브유를 한 번 둘러 마무리합니다.

셀러리, 돼지기름 아귀

싱싱한 아귀는 깊이 있는 맛을 내고, 돼지기름(라드)은 요리의 형태를 잡아 줍니다. 그리고 약간의 흑후추와 로즈마리가 돼지기름의 지방뿐 아니라 요리 자체의 맛과 향을 높입니다. 소스가 무척 상큼하고, 올리브유와 식초, 물과 유화한 가벼운 셀러리와 생선의 상쾌함과 단단한 질감이 대조를 이루는데 한마디로 맛의 균형과 섬세함이 무척 돋보이는 요리입니다.

손질한 아귀 600g
얇은 돼지기름 8조각
셀러리 줄기 200g
로즈마리 2g
마늘 1/2쪽
화이트 와인 식초 20g
엑스트라버진 올리브유 30g
소금 1g
흑후추 알갱이

○ 얇은 돼지기름은 마트 정육코너나 일반 정육점에서 구할 수 있다.

how to

<u>1</u> 아귀를 손질하고(134페이지 참조) 살을 발라낸 다음 약 8cm 크기로 자릅니다. <u>2</u> 감자칼로 섬유질 부분을 제거하면서 셀러리를 손질하고 손가락 마디 크기로 자릅니다. <u>3</u> 소금물에 셀러리를 5분간 데치세요. 데친 셀러리를 건져 얼음물에 담가 더 이상 익지 않게 하는 동시에 신선한 색감도 유지되게 합니다. <u>4</u> 방망이형 믹서로 셀러리와 올리브유, 식초, 소금을 갈아 줍니다. <u>5</u> 코팅 프라이팬을 불에 올리고 기름을 달군 후 살짝 짓누른 마늘과 로즈마리를 넣어 줍니다. <u>6</u> 마늘과 로즈마리는 프라이팬에서 꺼냅니다. 아귀를 5분 정도 굽는데, 살점의 두께에 따라 굽는 시간을 조절합니다. 아주 두꺼울 경우, 170 °C의 오븐에서 5분간 넣었다가 프라이팬으로 옮기면 됩니다.

<u>7</u> 아귀를 얇게 저미세요. <u>8</u> 셀러리 크림 세 수저를 접시 바닥에 펼쳐 놓습니다. <u>9</u> 아직 뜨거운 상태인 아귀를 위에 올리고 돼지기름 조각을 덮어 녹아내리게 합니다. 마지막으로 올리브유 한 방울과 후추를 갈아 올려 마무리합니다.

라이트 마요네즈를 넣은 꼴뚜기 튀김

산도와 튀김, 꼴뚜기의 신선도, 마요네즈에 들어 있는 식초의 깊은 맛이 균형을 이루는 음식입니다. 전채 요리나 안주 혹은 메인 요리로도 손색이 없습니다. 어떤 코스로 내놓아도 이 꼴뚜기 요리는 순식간에 사라질 것입니다. 식초를 조금 넣은 가벼운 마요네즈가 튀김의 기름진 맛을 산뜻하면서도 풍부하게 느낄 수 있게 해줍니다.

꼴뚜기 600g
강력분 200g
라이트 마요네즈(40~41 페이지 참조) 300g
땅콩기름 1000g

how to

  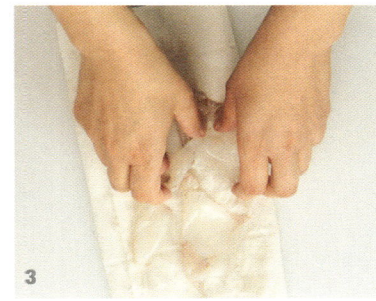

1. 꼴뚜기를 찬물에 헹구어 깨끗이 씻어 줍니다(133페이지 참조). **2** 칼로 내장과 눈, 주둥이를 제거합니다. **3** 키친타월에 꼴뚜기를 펼쳐 놓습니다.

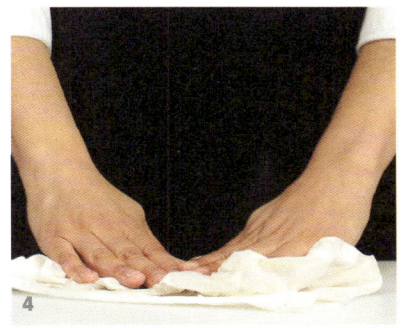 

4 꼼꼼하게 물기를 제거해 줍니다. **5** 기름을 160°C로 가열합니다. 꼴뚜기에 밀가루를 묻힌 후 한 번 털어 너무 많은 양이 묻지 않도록 합니다. 그래야 얇고 바삭한 튀김이 됩니다. 준비가 됐으면 튀김을 시작합니다. **6** 잘 튀겨진 꼴뚜기를 유산지에 건져 기름기를 살짝 빼준 후 라이트 마요네즈와 함께 차려 냅니다.

대구와 감자, 토마토

대구는 예상 외로 식사 메뉴로 잘 선택되지 않는 생선입니다. 대구가 아주 싱싱할 때 자연스러운 방식으로 조리하면 흔치 않은 부드러운 맛을 즐길 수 있는데 말입니다. 여기에서 소개하는 레시피로 향신료와 약간의 레몬 껍질로 향을 낸 물을 이용해 찜을 만들어 보세요. 정말 단 몇 분이면 완벽한 생선 요리를 완성할 수 있습니다. 달콤 쌉싸름한 감자와 바삭한 질감과 살짝 훈제향이 나는 것이 특징인 뜨거운 토마토가 어우러지는 건강하고 간단하지만 아주 조화로운 요리입니다.

라마토 토마토 1개(플럼 토마토 사용 가능)
포 뜬 대구 살 300g
근대 4장
삶은 감자 150g
설탕 20g
산딸기 식초 14g
물 2000g
마늘 1/2쪽
다진 파슬리 5g
생타임 가지 4개
생마조람 가지 4개
생로즈마리 가지 2개
월계수 1/2잎
레몬 제스트 1/4개분
엑스트라버진 올리브유 12g
소금

○ 산딸기 식초는 온라인에서 구매 가능하다.

how to

1 대구 살의 뼈와 가시를 제거합니다. 포를 먼저 뜨고 싶으면 대구 손질법을 참고합니다(135페이지). **2** 삶은 감자를 0.5cm 두께로 썰어 줍니다.   **3** 마늘을 짓이겨 두세요. **4** 파슬리를 다집니다.

5 토마토를 편으로 잘라 놓습니다. **6** 코팅 프라이팬에 설탕과 식초를 넣어 줍니다. **7** 1분간 졸이다가 삶은 감자를 추가하고 2분간 더 가열합니다. **8** 코팅 프라이팬에 토마토와 마늘을 볶으세요. **9** 냄비에 둘과 향신료, 레몬 제스트를 넣어 줍니다. **10** 9의 냄비에 대나무 찜기를 올리고 물을 끓입니다. 깨끗이 씻은 근대를 찜기에 깔고 껍질 부분이 밑을 향하도록 대구를 올려 놓은 후 뚜껑을 덮고 4분간 찝니다.

11 대구 껍질을 제거합니다. **12** 감자를 깔고 그 위에 근대, 대구를 올려 놓고 토마토는 옆쪽에 플레이팅 한 후, 올리브유를 전체적으로 둘러 줍니다.

화이트 와인 대구 폴페테(미트볼)

지중해를 대변하는 대구를 기본으로 한 요리를 한 가지 더 소개하겠습니다. 이 음식은 대구 가시에 찔릴까 봐, 포를 뜨는 것이 싫어서 혹은 포를 뜬 상태로 먹는 것을 좋아하지 않는 사람들의 식욕까지 자극할 수 있습니다. 화이트 와인 소스의 시큼함으로 더 강조되고, 때로는 극대화된 말린 토마토와 멸치, 케이퍼와 같은 재료들의 맛이 대구 요리를 더 강하고 깊이 있게 만듭니다. 재료의 양을 조절하고 소스의 양을 충분히 준비해서 때로는 메인 요리로, 때로는 전채로 차려 내 보세요. 이 폴페테(미트볼)는 일품 요리로 핑거푸드로 준비해도 아주 좋습니다.

생대구 살 440g
적양파 50g
염분을 제거한 케이퍼 20g
말린 토마토 25g
기름에 재운 멸치 살 2장
빵가루 50g
강력분 50g
파슬리 5g
화이트 와인 30g
엑스트라버진 올리브유 15g
소금

how to

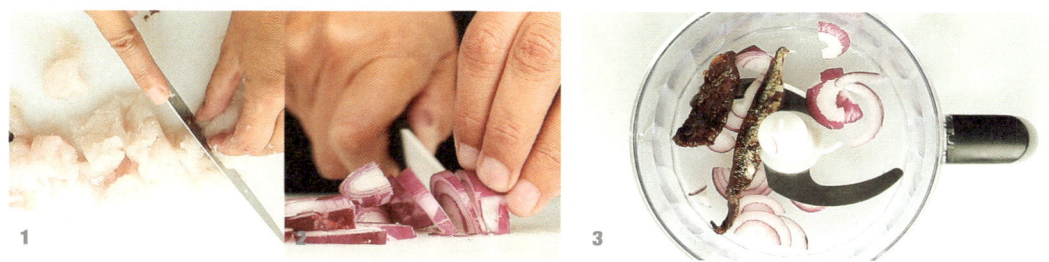

1 대구의 머리를 제거하고 씻은 후 살을 포 뜨고(135페이지 참조), 가시와 껍질을 제거합니다. 그리고 살점만 큼직하게 자릅니다. **2** 적양파를 굵직하게 썰어 준비해 둡니다. **3** 양파와 건조 토마토, 멸치를 커터에 넣고 갈아 줍니다.

4 대구 살과 케이퍼, 파슬리를 추가해서 계속 갈아 줍니다. **5** 믹싱볼에 4의 반죽과 빵가루를 넣어 줍니다.

6 잘 섞은 후 소금으로 간을 맞추고 랩을 덮어 냉장고에서 30분 정도 휴지시킵니다. **7** 휴지가 끝나면 동그란 모양으로 폴페테를 만듭니다. **8** 폴페테에 밀가루를 묻혀 줍니다.

9 코팅 프라이팬을 불에 올리고 기름을 두르세요. 열이 오르면 폴페테를 넣어 줍니다. **10** 중간중간 뒹굴려 가면서 굽다가 화이트 와인을 부으세요. 평평한 접시에 담고, 소스와 엑스트라버진 올리브유를 뿌리면 완성입니다.

우유, 감자, 새끼 문어 아포가토

이 음식은 익히고 난 후 프라이팬에서 한 번 더 볶아 입에 넣었을 때 대조적인 맛과 질감을 느낄 수 있습니다. 주재료인 새끼 문어를 두 번 조리하는데 처음에는 토마토와 함께 익히고 그 다음에는 프라이팬에서 볶아 깊고 진한 맛이 납니다. 게다가 마지막에 훈연까지 합니다. 감자 크림은 단단한 새끼 문어를 완만하고 우아하게 감싸 오묘하고 세련된 느낌으로 씹을 수 있게 해줍니다. 순수한 먹는 즐거움을 선물하는 음식입니다.

새끼 문어 400g
대파 45g
토마토 퓌레 200g
블랙 올리브 16개
무염 케이퍼 12개
로즈마리 1/2가지
화이트 와인 200g
엑스트라버진 올리브유 30g
후추

감자 크림 재료
삶은 감자 360g
우유 800g
물 400g
엑스트라버진 올리브유 30g
소금

○ 새끼 문어는 구하기 어렵기 때문에 일반 문어를 잘라 사용하거나 냉동 제품을 사용하면 된다.

how to

1 감자 크림을 준비합니다. 삶은 감자를 조각낸 후 기름을 한 번 두른 냄비에 넣어 불에 올립니다. **2** 우유를 추가해서 졸이세요. **3** 물을 넣고 끓어오르면 불을 끕니다. 방망이형 믹서로 갈면서 약간의 올리브유를 넣고 소금으로 간을 하고 농도도 조절해 줍니다. **4** 새끼 문어의 내장과 눈, 주둥이를 제거하고 깨끗이 씻어 줍니다(135페이지 참조). **5** 대파를 썰어 두고 **6** 케이퍼도 다져 줍니다. **7** 올리브의 씨를 빼내고 다집니다.

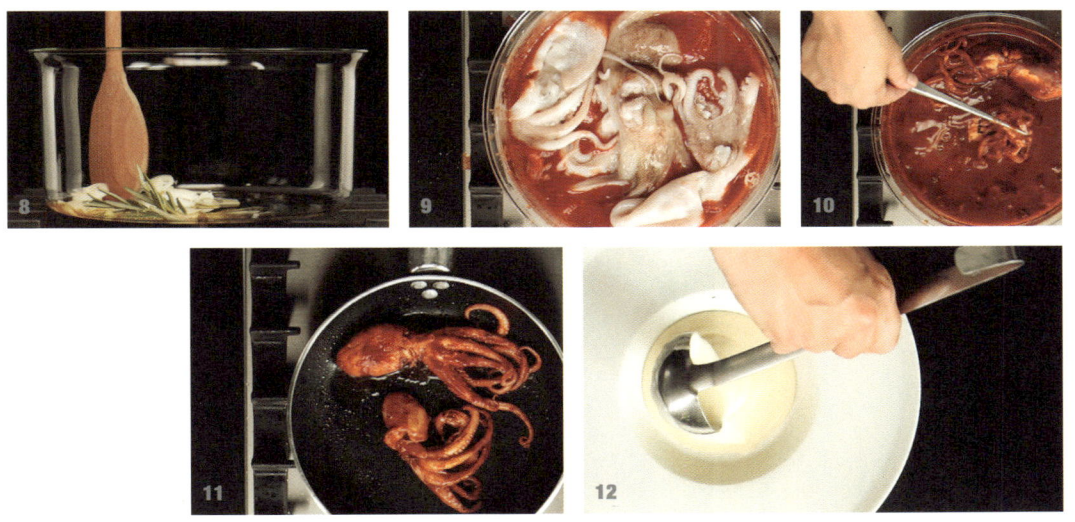

8 냄비를 불에 올리고 올리브유와 로즈마리, 대파를 넣고 약한 불에서 끓입니다. **9** 토마토 퓌레와 새끼 문어도 넣어 줍니다. 유산지를 덮어 45분 정도 더 끓이세요. 화이트 와인과 케이퍼, 씨를 뺀 올리브를 추가하고 다시 유산지를 덮어 몇 분 더 끓입니다. **10** 새끼 문어를 꺼내세요(문어를 꺼내고 남은 소스는 파스타 소스로 사용할 수 있습니다). **11** 코팅 프라이팬을 아주 뜨겁게 달궈 기름을 두르고 새끼 문어를 넣고 겉면이 캐러멜화되어 바삭해질 때까지 볶으세요. **12** 오목한 접시에 감자 크림을 깔고 새끼 문어를 올리고 올리브유와 후추를 뿌려 마무리합니다.

아스파라거스를 넣은 광어 스튜 (구아쩨또)

이번 요리는 오븐을 사용할 거라고 생각하기 쉽지만, 프라이팬 하나로 모두 끝납니다. 포를 뜬 광어가 너무 익지 않도록 낮은 불에서 껍질 쪽부터 구워 줍니다. 그리고 마지막에 아스파라거스와 화이트 와인을 추가해 조심스럽게 섞어서 야채의 아삭함과 화이트 와인의 신맛을 더합니다. 페페론치노 고추와 마늘의 톡 쏘는 맛이 전체적으로 부드러운 맛과 대비되는 듯하면서도 조화롭게 어우러집니다.

광어 800g
아스파라거스 8줄기
마늘 1쪽
화이트 와인 100g
건조한 통 페페론치노 2g
엑스트라버진 올리브유 30g
소금

how to

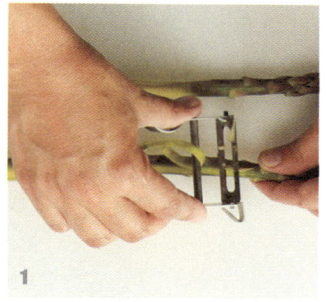  

1 감자칼로 아스파라거스의 섬유질이 두꺼운 부분을 잘라내고 세척합니다. 길이 방향으로 갈라서 한쪽에 둡니다. **2** 마늘은 껍질을 벗기지 말고 그대로 칼날로 짓이기고, 페페론치노 고추는 동그랗게 자릅니다. **3** 광어를 씻어 포를 뜨세요(136페이지 참조).

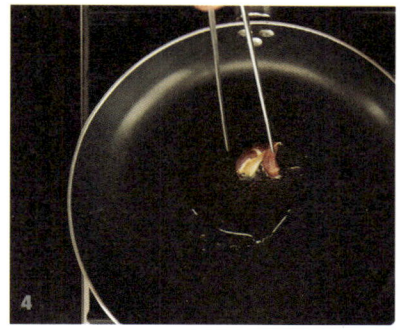  

4 코팅 프라이팬을 불에 올리고 기름을 한 번 두른 후 마늘을 넣어 줍니다. 마늘에서 색이 나면 꺼내면 됩니다. **5** 화이트 와인을 붓고 알코올이 날아가게 한 후 광어의 껍질 쪽이 프라이팬과 닿도록 아래를 향하게 놓습니다. **6** 아스파라거스를 옆에 놓고 유산지로 덮어 3분간 구운 후 유산지를 걷고 페페론치노를 넣어 줍니다.

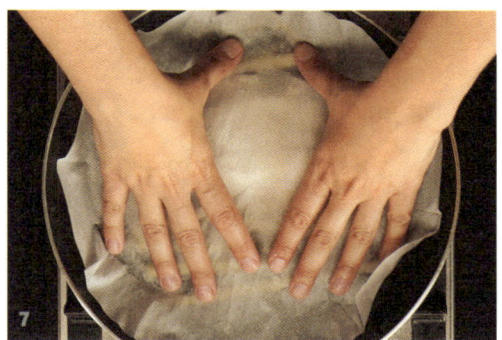 

7 유산지를 다시 덮고 1분간 더 굽습니다. **8** 접시에 광어와 아스파라거스를 담고 마지막으로 광어를 구운 프라이팬에 남은 육수와 올리브유를 한 번 둘러줍니다.

멸치, 감자, 치커리와 바질 소스 스포르마티노

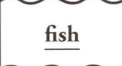

부드러운 감자와 쌉싸름하면서 아삭한 치커리, 순수한 바다의 맛을 간직한 멸치 그리고 아주 상큼한 바질 소스가 전체적으로 어우러지는 음식입니다. 묘한 대조를 이루는 바다와 육지의 향기를 담을 수 있으면서도 정말 쉽게 만들 수 있습니다.

생멸치 200g
치커리 100g
삶은 감자 50g
페코리노 치즈 간 것 30g
바질 소스(198~199페이지 참조) 50g
엑스트라버진 올리브유 10g
소금 (선택 사항)

how to

1 멸치의 꼬리 지느러미를 제거하고 냉장고에 넣어 둡니다. **2** 삶은 감자도 포크로 으깨 한쪽에 둡니다.
3 치커리는 다듬고 씻어서 잘게 썰어 줍니다.

4 코팅 프라이팬을 달궈 약간의 엑스트라버진 올리브유만 두르고 치커리를 30초 정도만 볶으세요. 소금으로 간을 맞추는데, 멸치와 페코리노 치즈에 이미 염분이 들어있다는 점을 고려해야 합니다. **5** 쿠키틀에 엑스트라버진 올리브유를 살짝 바릅니다.
6 수저로 으깨놓은 감자를 바닥에 깔아 줍니다. **7** 멸치를 펼쳐 놓습니다. **8** 미지근한 상태의 치커리도 한 층 깔아 줍니다.
9 멸치를 한 층 더 쌓고 페코리노 치즈를 갈아 올린 후, 감자로 마지막 층을 쌓으면 됩니다.

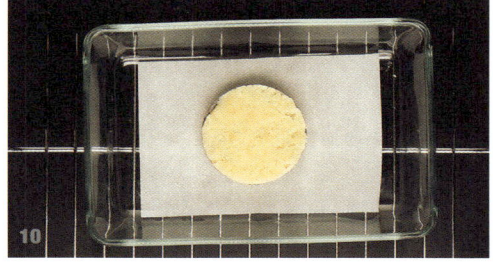 

10 유산지를 깐 내열 용기에 담아 170°C의 오븐에서 5~7분간, 감자가 약간 갈색이 될 때까지 구우면 됩니다. **11** 평평한 접시에 바질 소스를 먼저 뿌리고, 10의 멸치 케이크를 올린 후 올리브유를 한 번 두르면 완성입니다.

혀넙치와 시금치, 가지새우

빈티지한 구성이나 케이터링이 예전 프랑스 요리인 생선 퐁듀를 떠올리게 하는, 시대를 초월한 요리입니다. 혀넙치의 존재감과 순수함이 여기서도 나타나는데 밀가루를 묻혀 구운 후 채에 내려 만든 생선 가시 소스가 혀넙치와 가지새우, 야채를 믿을 수 없을 정도로 조화롭게 만들어 줍니다. 혀넙치를 차려내는 색다른 요리법이라 만들면서도 상당히 흥미로울 것입니다.

혀넙치 4마리
가지새우 200g
시금치 120g
아몬드 슬라이스 100g
달걀흰자 50g
물 200g
강력분 40g
로즈마리 3g
화이트 와인 식초 25g
화이트 와인 40g
오렌지 제스트
엑스트라버진 올리브유 25g
소금

how to

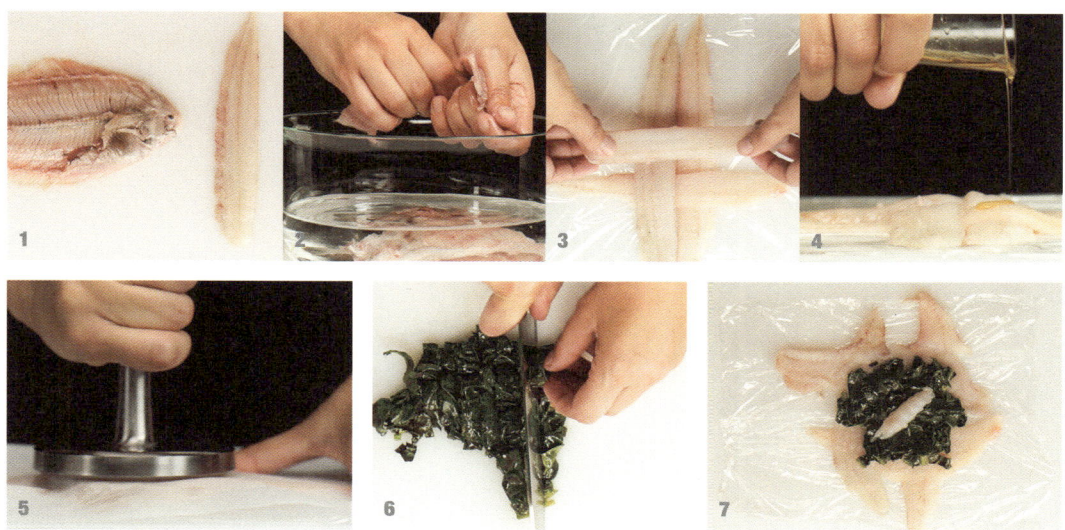

1 혀넙치의 껍질을 제거하고 씻은 후 포를 떠줍니다(136~137페이지 참조). **2** 혀넙치 뼈를 아주 차가운 물에 담가 깨끗이 닦고, 칼로 토막을 냅니다. **3** 포를 뜬 살들을 교차해 놓고 비닐랩 위에 올려 놓습니다. 혀넙치로 밑바닥을 만드는 것입니다. **4** 올리브유를 한 번 둘러 줍니다. **5** 혀넙치 밑바닥 위에 랩을 펼쳐 놓고 민서(Mincer)로 살들이 하나로 뭉쳐질 때까지 두드립니다. **6** 프라이팬에서 시금치를 재빨리 볶아낸 후 칼로 잘게 썰어 줍니다. **7** 시금치를 혀넙치 위에 놓고, 그 위에 가지새우를 올립니다.

8 랩으로 위의 내용물들을 감싼 후 윗부분을 촘촘하게 돌려 봉합니다. 형태가 잡히도록 잠시 둡니다. 그 사이 소스를 준비합니다. **9** 혀넙치 뼈의 물기를 제거하고 소스가 조금 더 크림처럼 나올 수 있도록 밀가루를 살짝 묻혀 줍니다. **10** 냄비를 불에 올리고 올리브유를 한 번 두르고 로즈마리를 넣은 후, 혀넙치 뼈를 넣고 볶아 줍니다. 식초를 넣고 증발시켜 비린내를 없애고 화이트 와인도 넣어 줍니다. 재료가 잠길 정도로 물을 붓고 오렌지 제스트를 넣고 소스가 줄어들도록 5분 정도 둡니다. **11** 고운 체에 거른 후 갈아 줍니다. **12** 혀넙치를 쌌던 랩을 벗기고 붓으로 달걀흰자를 살짝 발라줍니다. **13** 혀넙치에 아몬드를 묻히고 유산지를 깐 오븐팬에 올려 170°C에서 6분간 구우세요. **14** 오목한 접시에 소스를 담고 그 위에 혀넙치를 올리고 마지막으로 올리브유를 한 번 둘러 차려 냅니다.

recipe 64

소금 구이 농어와 그린 소스

균형 있고 가벼운데다 준비하기도 쉬운 레시피입니다. 전통적인 방식의 소금 구이는 생선의 촉촉함과 바다 향기를 간직하고 매우 단순합니다. 이 구이는 감귤류 과일들의 새콤한 맛과 향신료 덕분에 맛이 풍부해지고, 하얀 휘핑 크림 대신 얼음을 이용해 생선그이를 더 단단하게 만듭니다. 여기에서는 접시에 담을 때 회향과 함께 독특한 맛이 진하게 나는 그린 소스의 신맛과 쌉쌀한 맛을 대비시켜봤습니다.

농어 1000g
달걀흰자 400g
레몬 제스트 1개분
오렌지 제스트 1개분
소금 2000g
로즈마리 6g
회향 분말 4g
백후추 알갱이 8g
엑스트라버진 올리브유 75g
케이퍼 25g
빵 조각 40g
이탈리안 파슬리 80g
기름에 재운 안초비 15g
화이트 와인 식초 40g
사각형 얼음 2개

how to

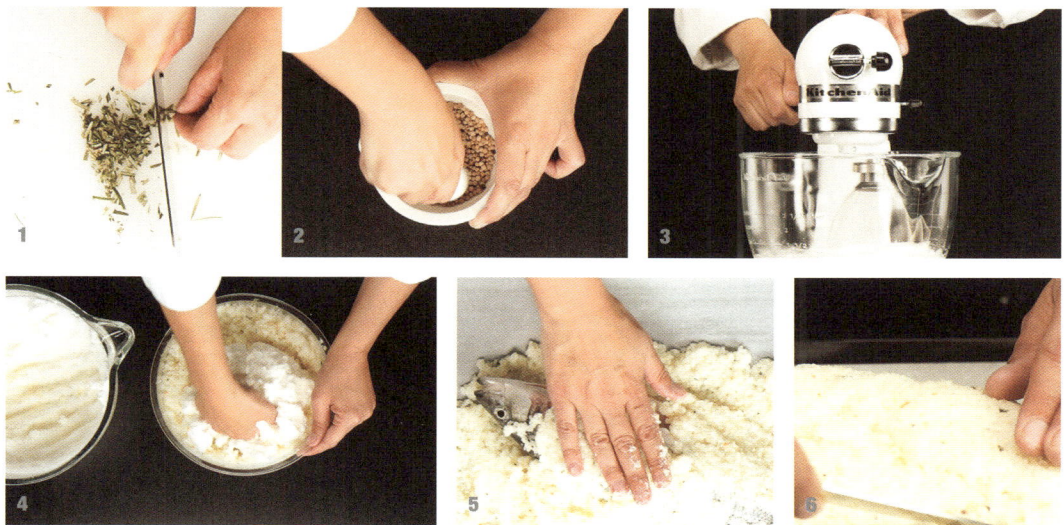

1 로즈마리를 곱게 다집니다. **2** 절구에 후추를 빻으세요. **3** 달걀흰자가 뻑뻑할 정도로 휘핑합니다. **4** 볼에 소금과 향신료, 레몬과 오렌지 제스트를 넣고 잘 섞습니다. 휘핑해 놓은 달걀흰자를 넣고 반죽이 촉촉하고 성형이 가능할 정도로 혼합합니다. **5** 농어의 내장을 제거하고 깨끗하게 씻어 둡니다. 오븐용 팬에 4의 소금 혼합물의 일부를 펼쳐 놓고 농어를 올린 후 남은 소금으로 덮어 줍니다. **6** 소금구이가 다 됐을 때 농어를 꺼내려면 위 5의 소금더미 중 3/4 높이에 칼집을 내두어야 합니다.

7 오븐을 170°C로 예열해 25분간 구우세요. **8** 칼집을 내둔 소금을 걷어 냅니다. **9** 양쪽 아가미부터 시작해 농어의 껍질을 벗깁니다. **10** 칼로 농어를 길이 방향으로 잘라 살점을 발라 냅니다. **11** 그린 소스를 준비합니다. 믹서에 이탈리안 파슬리와 케이퍼, 식초에 담근 빵 조각, 얼음, 올리브유를 넣고 갈아 줍니다. 평평한 접시에 발라낸 농어와 그린 소스를 담으세요. **12** 올리브유를 한 번 둘러 차려 냅니다.

농축 생선 스프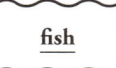

원래 생선 스프는 오래 끓이는데, 그건 왠지 해산물 요리라는 개념과 맞지 않는 것 같습니다 지금 소개하는 스프는 필요한 시간 동안만 짧게 조리하고 접시에 담기 얼마 전에 재료들을 혼합합니다. 생선은 각각의 특징과 맛이 살아 있도록 따로 익혀 줍니다. 일단 조직이 단단한 생선부터 조리하고 점점 살이 연하고 잘 부서지는 생선으로 넘어갑니다. 정말 순수한 바다의 맛과 향을 느낄 수 있는, 색다르고 현대적인 요리입니다.

손질한 쏨뱅이 200g
손질한 아귀 200g
조개 300g
홍합 300g
가지새우 320g
손질한 꼴뚜기 300g
홍새우 300g
대파 30g
홍피망 30g
건조 페페론치노 1개
파슬리 줄기 20g
물 100g
화이트 와인 식초 20g
화이트 와인 50g
토마토 퓌레(선택 사항) 30g
엑스트라버진 올리브유
굵은 소금

how to

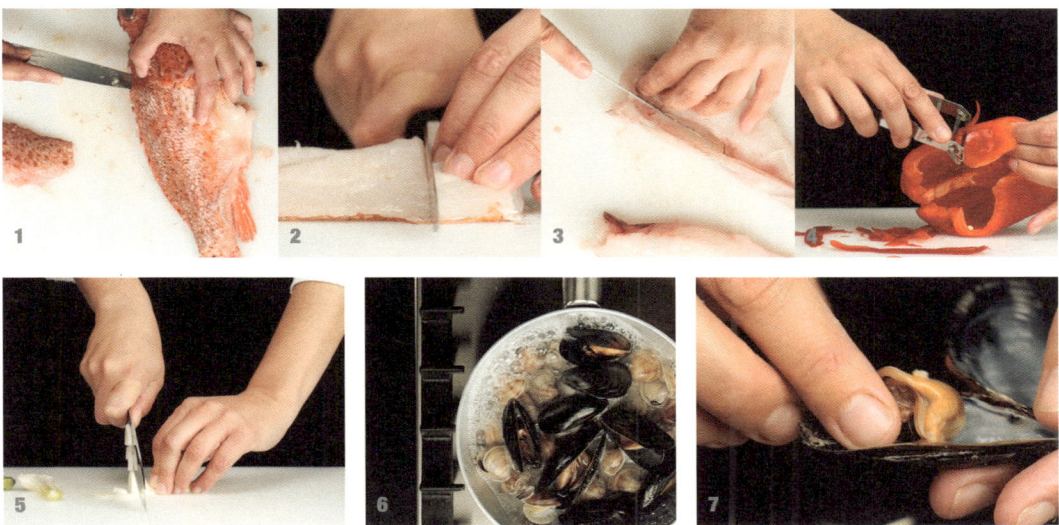

1 쏨뱅이의 포를 떠줍니다(136페이지 참조). **2** 주방용 핀셋으로 가시를 제거하고, 3cm 정도의 작은 조각으로 자릅니다. **3** 쏨뱅이와 동일한 방식으로 아귀의 껍질을 벗기고 살을 두 조각으로 포를 뜬 후, 크기도 동일하게 자릅니다. **4** 피망을 반으로 씨를 제거하고 감자칼로 껍질도 벗겨 줍니다. 그리고 곱게 채를 썰어 줍니다. **5** 대파도 썰어 줍니다. **6** 프라이팬을 불에 올리고 조개와 홍합, 물 100g(기름은 넣지 마세요)을 넣어 줍니다. 센불로 올리고 뚜껑을 덮은 후 조개와 홍합이 완전히 입을 벌릴 때까지 3분간 끓입니다. **7** 밑에 볼을 받치고 체에 걸러 국물을 따라낸 후 홍합과 조개의 껍질을 제거합니다.

8 냄비를 불에 올리고 기름을 한 번 두른 후 대파를 넣습니다. **9** 약한 불에서 몇 분 볶다가 피망을 추가합니다. 식초를 부어 한 김 날린 후, 화이트 와인을 넣습니다. **10** 홍합과 조개 삶은 국물과 토마토 퓌레를 넣고, 취향에 따라 파슬리 줄기와 페페론치노 고추를 넣어 줍니다. **11** 이제 생선을 넣을 차례인데, 익는 시간에 따라 순서를 정해야 합니다. 먼저 살이 단단한 쏨뱅이와 아귀를 넣으면 됩니다. **12** 5분 정도 후에 꼴뚜기와 새우, 가지새우를 넣고 2분간 더 끓입니다. **13** 파슬리 줄기는 건져 냅니다. **14** 홍합과 조갯살을 추가하고 올리브유를 한 바퀴 둘러 차려 냅니다.

또따노 오징어와 렌틸콩 스프

생선과 콩, 바다의 맛과 산의 맛, 이렇게 두 가지 재료와 두 가지 맛을 선보이는 레시피입니다. 조화롭고 현대적이고 간편한데다 맛도 좋아서 겨울이든 여름이든 어느 때나 즐길 수 있고 차려낼 때의 온도만 조절하면 간단하게 제철에 맞는 음식으로 변경할 수 있습니다. 예를 들어 차가울 정도의 온도에 포마드를 덜 올리면 여름철의 상큼한 샐러드가 됩니다.

또따노 오징어 400g
렌틸콩 200g
토마토 퓌레 300g
양파 110g
당근 100g
셀러리 70g
화이트 와인 30g
로즈마리 1가지
엑스트라버진 올리브유
소금

○또따노 오징어: 크기가 작은 오징어

how to

<u>1</u> 오징어를 손질한 후(137페이지 참조) 큼직하게 자릅니다. <u>2</u> 셀러리와 당근, 양파를 씻어 껍질을 벗긴 후 작은 주사위 모양으로 썰어 줍니다. <u>3</u> 로즈마리도 다져 줍니다. <u>4</u> 냄비에 차가운 물을 받아 불에 올리고 렌틸콩을 삶습니다. 거의 삶아질 무렵 소금으로 간을 합니다. <u>5</u> 렌틸콩이 익으면 건져서 일부만 갈아 줍니다. 이 때 렌틸콩을 삶은 물을 조금 추가합니다(4인분 기준 렌틸콩 200g 정도에 물 100g). <u>6</u> 냄비에 약간의 기름을 두르고 썰어둔 셀러리와 당근, 양파를 볶으세요.

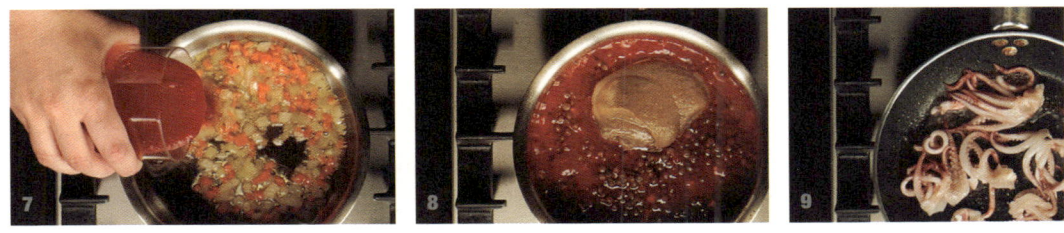

<u>7</u> 토마토 퓌레를 추가하고 5분 정도 끓입니다. <u>8</u> 갈지 않은 렌틸콩과 갈아 둔 렌틸콩을 섞습니다. <u>9</u> 프라이팬을 불에 올리고 기름을 한 번 두른 후 오징어 촉수를 넣어 줍니다.

<u>10</u> 센불에서 3분간 볶다가 나머지 오징어를 모두 넣고 화이트 와인을 부으세요. <u>11</u> 위의 8번의 렌틸콩 냄비에 오징어를 넣고 섞습니다. 2분간 더 끓이다가 불을 끄고 엑스트라버진 올리브유와 로즈마리를 넣고 오목한 접시에 담아 차려 냅니다.

unforketable.it
MEAT

육류

야채와 달콤한 마늘 크림을 곁들인 새끼 양고기

양고기 같은 육류의 맛을 한층 높일 수 있는 봄철 음식입니다. 조리법과 맛표현도 어렵지 않습니다. 잠두와 완두, 아티초크에서 나오는 야채의 맛이 주인공인데 양고기의 강한 맛과 무척 잘 어울립니다. 고기의 단맛을 강조하려고 달콤하면서 진하고 깊은 맛의 마늘 크림을 사용했는데 양고기와 함께 먹기에 아주 좋습니다. 마늘 특유의 맛과 코를 찌르는 냄새 때문에 맵고 아린 음식이라는 생각은 이제 버려도 됩니다. 오랫동안 끓여 우유와 조합하면 마늘도 섬세한 맛이 나는 음료가 될 수 있습니다.

양고기 800g
생완두 400g
생잠두 400g
아티초크 2개
대파 1개
마늘 크림(196~197페이지 참조) 200g
아스코르브산(비타민 C) 5g
엑스트라버진 올리브유 40g
소금

how to

1 완두와 잠두의 겉껍질을 벗겨 손질합니다. **2** 아티초크를 손질해 반달 모양으로 자릅니다. 비타민C(아스코르브산)를 넣은 물에 담가 갈변되지 않게 합니다. **3** 물을 끓여 완두와 잠두를 따로 삶아내 찬물(혹은 얼음물)에 헹구세요. **4** 아티초크를 볶다가 색이 나면 뚜껑을 덮고 6분 정도 익힙니다(아티초크의 크기에 따라 시간을 조절합니다). **5** 코팅 프라이팬에 약간의 기름과 함께 대파를 볶습니다. **6** 위 5번의 프라이팬에 아티초크와 완두, 잠두를 추가하고 소금으로 간을 합니다.

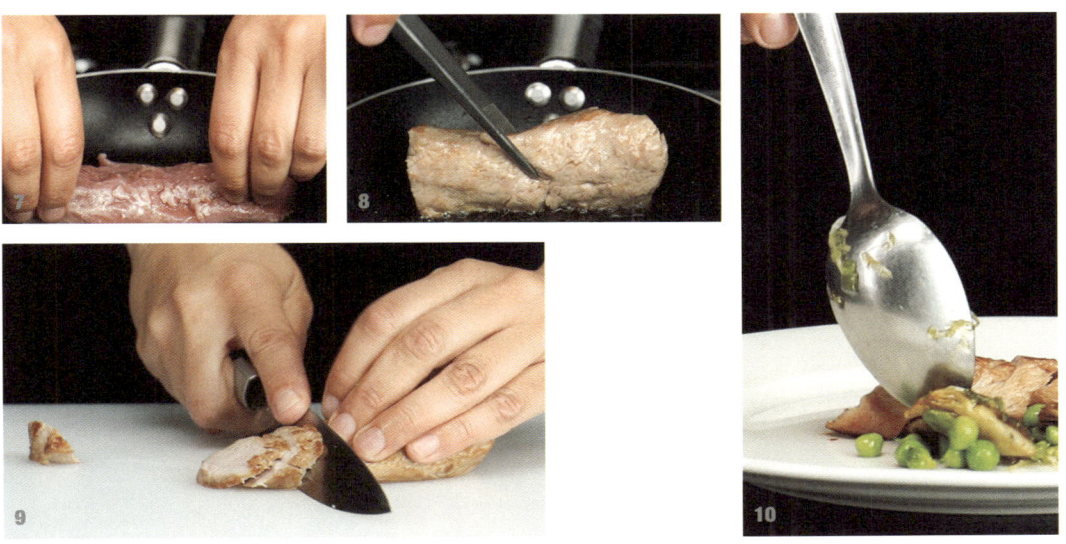

7 양고기가 아직 준비가 덜 된 상태면 뼈를 제거해 손질해 줍니다. 코팅 프라이팬에 기름을 두르고 색이 나도록 고기를 구우세요. 프라이팬에서 약간 색이 나기 시작하면 160°C로 예열한 오븐에서 9분간 익혀 줍니다. 단, 피가 흐를 정도의 레어를 좋아하면 프라이팬에서만 구워 마무리합니다. **8** 고기가 갈색이 되도록 굽다가 소금으로 간을 합니다. **9** 고기를 비스듬히 일정한 모양으로 썰어 줍니다. **10** 평평한 접시에 고기를 담고 따뜻하게 데운 마늘 크림과 야채를 곁들여 차려 냅니다.

쇠고기 비안케토

이 요리는 다양한 방식으로 조리한 스튜라고 불러도 좋고, 비안케토나 생크림을 넣은 소고기 조림이라고 불러도 괜찮습니다. 이 레시피만 있으면 소고기의 맛을 음미할 수 있는 맛깔스럽고 냄새도 좋은 요리를 준비할 수 있습니다. 소스도 빵을 찍어 먹거나 크루통(스프에 띄우는 튀긴 빵조각)을 만드는 데 사용할 수 있습니다. 비싸지 않은 부위의 고기를 사용해도 괜찮지만 지방과 섬유질 부분은 꼼꼼하게 모두 제거합니다. 처음에는 수분이 모두 빠져나오도록 고기만 굽다가 야채를 추가합니다. 이렇게 해도 수분이 충분해 촉촉한 요리가 완성됩니다.

우둔살 600g
당근 60g
셀러리 60g
양파 60g
삶은 감자 100g
화이트 와인 20g
생크림 20g
세이지 2가지
파프리카 3g
엑스트라버진 올리브유 60g
소금

how to

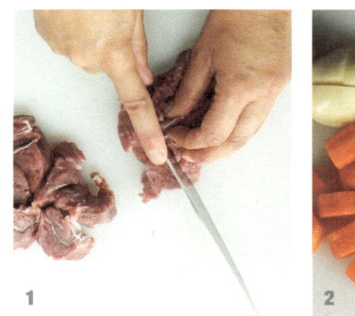  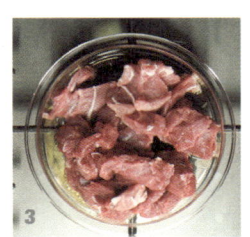

1 지방과 섬유질이 많은 부위는 잘라내면서 소고기를 손질한 후 2~3cm 크기의 사각형으로 잘라 한쪽에 둡니다. **2** 당근과 셀러리, 양파를 다듬어 껍질을 벗기고 큼직하게 자릅니다. **3** 프라이팬에 기름을 두르고 센불에서 소고기가 색이 나기 시작하고 수분이 없어질 때까지 구워 줍니다.

4 냄비 하나를 더 준비해 기름을 두르고 당근과 셀러리, 양파를 넣고 볶아 줍니다. **5** 위의 4번의 냄비에 고기를 넣고 세이지를 넣습니다. **6** 화이트 와인을 부은 후 완전히 증발시킵니다. 고기의 2/3가 잠길 정도의 물을 추가하고 유산지를 덮어 아주 약한 불에서 2~3시간 동안 끓입니다. **7** 고기가 다 익으면 냄비에서 꺼냅니다. **8** 냄비에 남은 소스의 야채를 방망이형 믹서로 갈아 줍니다. **9** 위의 8번의 냄비에 다시 고기를 넣어 소스와 섞은 후 데우세요.

10 생크림을 넣어 되직하게 만듭니다. **11** 감자를 으깬 후 소금으로 간을 하고, 쿠키틀을 이용해 평평한 접시에 동그란 모양으로 담아 놓습니다. **12** 감자 위에 고기를 얹고, 소스와 올리브유, 파프리카를 올려 마무리합니다.

마늘 퓌레 조림
(브라사토)

오랜 시간 서서히 조리하는 방식과 와인의 풍미, 푹 익어 부드러운 고기를 바탕으로 확실한 맛을 보장하는 겨울 음식입니다. 퓌레를 정말 혁신적인 방법으로 준비하는데 이 방법을 이용해서 감자의 품질이 좋을 때 만들면 훨씬 더 맛있습니다. 날감자를 갈아서 찬물에 헹구어 전분을 뺀 후 우유와 올리브유에 넣고 끓였습니다. 감자가 익으면 뜨거운 상태 그대로 곧바로 반죽기에 넣어서 공기집이 생겨 부풀렸는데 여러분도 이 음식의 기본인 이 감자의 깊은 맛을 사랑하지 않을 수 없을 것입니다.

우둔살 500g
레드 와인 500g
당근 50g
셀러리 40g
양파 1개
마늘 1쪽
로즈마리 1/2가지
통계피 반개
쌀전분 10g
물 20g
엑스트라버진 올리브유
소금
후추

퓌레 재료
우유 160g
감자 100g
엑스트라버진 올리브유 45g
소금

how to

1 고기의 사방에 소금과 후추를 뿌리고 마사지하듯 주물러 줍니다. **2** 코팅 프라이팬을 불에 올리고 기름을 두른 후 고기의 모든 표면이 갈색이 될 때까지 골고루 구우세요. **3** 양파와 당근, 셀러리를 손질한 후 듬성듬성 자릅니다. **4** 레드 와인의 알코올 향을 줄이려면 별도로 몇 분 정도 끓여야 합니다. **5** 또 다른 냄비를 준비해 셀러리와 당근, 양파, 마늘 한 쪽을 껍질째 넣고 볶으세요. 고기를 넣고 레드 와인을 부어 줍니다. **6** 로즈마리와 통계피 반개를 추가한 후 유산지를 덮고 3시간 반 정도 끓입니다. **7** 고기는 꺼내 미지근해질 때까지 뒀다가 1cm 정도의 두께로 썰어 줍니다.

8 고기를 꺼내고 냄비에 남은 소스를 체에 거릅니다. **9** 퓌레를 준비합니다. 감자 껍질을 깎고 날것인 상태로 컷터에 넣고 굵직하게 다집니다. **10** 다진 감자를 재빨리 찬 물에 담가 헹구세요. 이렇게 하면 불필요한 전분을 제거할 수 있습니다. 감자를 필터에 걸러 수분을 뺍니다. **11** 냄비에 우유와 올리브유를 넣고 데운 후 10번의 감자를 넣은 후 불을 아주 약하게 해놓고 감자 퓌레가 눌러붙지 않도록 계속 저으면서 수분이 졸아들고 감자가 아주 부드러워질 때까지 끓입니다.

12 감자 퓌레가 아직 따뜻한 상태에서 거품기를 끼운 반죽기에 넣고 충분히 휘핑합니다. 접시에 담아내기 전에 퓌레를 다시 한 번 냄비에 넣고 데우세요. **13** 컵에 쌀 전분과 물을 넣고 섞습니다. 소스를 불에 올리고 전분을 추가한 후(전분을 조금 더 추가하면 소스가 더 되직해집니다) 끓입니다. **14** 소스가 크림화되면 곧바로 불을 끕니다. 고기를 데우고, 접시에 퓌레를 펼치듯 담은 후 고기를 놓고 소스를 뿌려 마무리합니다.

recipe 70

지중해식
토끼 요리

 meat

토끼 고기는 부드럽고 탄력이 있고 맛도 좋아서 이번 요리에서는 토끼 고기가 육즙을 머금어 촉촉한 상태를 유지하게 하려고 금방 조리하는 방법을 선택했습니다. 강판에 갈아 프라이팬에서 충분히 구운 감자로 바삭한 식감을 더했고 타임과 올리브, 토마토 콩피, 볼살 베이컨으로 향과 풍미, 식감까지 조화를 이루도록 했습니다.

돼지 볼살 베이컨 60g (베이컨으로 대체 가능)
토끼 다리 살 600g
올리브 60g
타임 1가지
마조람 1가지
엑스트라버진 올리브유
소금

토마토 콩피 재료
체리 토마토 200g
레몬 제스트
소금

감자 갈레트 재료
감자 600g
해바라기유 20g
소금
후추

○ 토끼 다리살은 구하기 힘드므로 닭 다리 살을 사용해도 된다.

how to

1 토마토 콩피부터 준비합니다. 토마토에 십자로 칼집을 내서 끓는 물에 10초 정도 데쳤다가 곧바로 얼음물(혹은 아주 차가운 물)에 식힌 후 껍질을 벗겨 냅니다. 그리고 절반으로 갈라 씨 부분을 도려냅니다.   **2** 유산지를 깐 베이킹팬에 토마토를 펼쳐 놓고 레몬 제스트와 소금을 뿌린 후 오븐에 넣고 90°C에서 90분 정도 구우세요.   **3** 토끼 다리 살의 뼈를 제거하고 살만 너무 작지 않은 크기로 네모썰기합니다.   **4** 토끼 고기에 소금과 후추로 간을 합니다.   **5** 올리브의 씨를 빼고 듬성듬성 자릅니다.   **6** 베이컨을 굵직하게 채썰어 줍니다. 마조람과 타임의 잎을 떼 놓으세요.   **7** 감자 껍질을 벗기고 물에 담가 갈레트를 만들 준비를 합니다.

8 구멍이 큰 강판에 감자를 갈고(당근을 갈 때 사용하는 강판), 소금과 후추를 추가한 후 간이 배도록 잘 섞습니다.   **9** 코팅 프라이팬을 달군 후 지름이 16cm 정도 되는 쿠키틀을 놓고 해바라기유를 두릅니다. 기름이 달궈지면 틀 안에 감자를 채워 넣습니다.   **10** 약한 불에서 감자를 굽다가 소금으로 간을 하고 뒤집개로 뒤집어 줍니다. 틀에 붙은 가장자리는 칼로 떼어냅니다.   **11** 다른 코팅 프라이팬에 기름을 약간 두르고 썰어 둔 베이컨이 색이 나도록 볶으세요.   **12** 위의 11번 프라이팬에 토끼 고기와 올리브, 타임과 마조람, 방울 토마토를 추가하고 고기가 부드러워질 때까지 볶아 줍니다.   **13** 평평한 접시에 갈레트를 먼저 놓고 그 위에 토끼 고기를 올려 차려 냅니다.

스카페체 토끼 튀김

 meat

토끼 고기를 이중으로 조리하는, 남다른 기교가 담긴 레시피입니다. 두 가지 조리법 중 첫 번째는 진공 조리법으로 가정에서도 랩을 잘 이용하면 충분히 할 수 있습니다. 두 번째는 빠르게 튀기기입니다. 일반적인 고기 튀김은 보통 기름의 온도가 높아 수분이 너무 많이 날아가거나 고기가 충분히 익지 않기 때문에 미리 한 번 조리해야 합니다. 하지만 이 요리에서는 바삭함과 부드러움이 완벽한 조화를 이뤄 전체적으로 아주 맛이 있습니다. 안주나 핑거푸드 혹은 허브를 넣은 샐러드를 곁들인 메인 요리로 차려 보세요.

토끼 다리 살 4개
마늘 2쪽
달걀 1개
반죽 시트 3장
타임 1가지
엑스트라버진 올리브유 100g
땅콩기름
소금
후추

소스 재료
꿀 30g
화이트 와인 식초 10g

샐러드 재료
꽃상추 20g
루콜라 15g
엑스트라버진 올리브유 10g
소금

○ 토끼 다리살은 구하기 힘드므로 닭 다리 살을 사용해도 된다.

how to

1 아로마 오일을 먼저 준비합니다. 냄비를 불에 올리고 엑스트라버진 올리브유와 마늘, 타임을 넣어 줍니다. 기름에 기포가 생기기 시작하자마자(이 때의 온도가 약 70°C 정도) 불을 끄고 체에 걸러 식혀 줍니다. **2** 토끼 다리 살의 뼈를 발라내고 위아래로 랩을 씌운 후 민서(Mincer)로 두드려 두께를 일정하게 만듭니다. **3** 아로마 오일을 바르고 소금과 후추를 한 꼬집씩 뿌린 후 일정한 두께의 원통형으로 말아 랩으로 감싸 줍니다. **4** 뜨거운 물에 담갔다가 100 °C의 오븐에서 25분간 구우세요. **5** 랩을 벗기고 동그란 모양으로 자릅니다. 키친타월로 여분의 물기를 닦아 줍니다. **6** 도마에 반죽 시트를 한 장 펼쳐 놓고 달걀물을 바르세요. 그 위에 반죽 시트를 한 장 더 얹고 달걀물을 바른 후 마지막 세 번째 시트도 올리고 달걀물도 바릅니다. 겹쳐 놓은 시트를 한 면의 길이가 8~10cm 정도 되는 사각형으로 자릅니다.

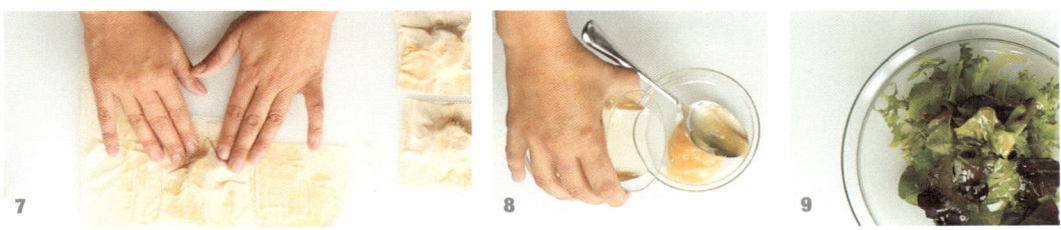

7 잘라놓은 사각형 반죽 시트 중앙에 토끼 고기를 올리고 또 다른 시트로 덮어 가장자리를 붙인 후 냉장고에 넣어 두세요. **8** 냉장 휴지를 하는 동안 소스를 준비합니다. 작은 그릇에 꿀과 식초를 넣고 잘 섞으면 됩니다. **9** 샐러드에 올리브유와 소금으로 양념을 합니다.

10 넉넉한 양의 땅콩기름을 160°C로 달궈 토끼 고기를 튀깁니다. 다 튀겨지면 유산지에 건져 놓으면 됩니다. **11** 따끈할 때 샐러드 위에 자리를 잡아 토끼 고기 튀김을 놓고, 꿀과 식초를 섞은 소스를 샐러드와 튀김에 골고루 뿌려 마무리합니다.

카치아토라 소스를 곁들인 돼지 안심과 병아리콩 무스

화려한 점심 식사나 중요한 저녁 상차림을 위해 준비할만한 메인 요리입니다. 주인공은 식초와 와인, 시나몬을 추가한 카치아토라 소스로 맛을 더한 돼지고기와 평범함을 벗어던진 사이드 메뉴인 병아리콩 크림입니다. 살코기가 들어가면 잘 익는지, 빨리 익는지에 신경을 써야 합니다. 돼지고기의 경우 절대 피가 보이는 상태로 차려내면 안 되지만, 전체적으로는 항상 촉촉하고 육즙이 살아 있도록, 너무 많이 가열하지 않는 것이 좋습니다. 이 돼지고기에는 그냥 아무 음식이나 곁들이지 말고, 엑스트라버진 올리브유를 머금은 병아리콩 무스를 사이드 메뉴로 내면 좋습니다. 소스와 어우러져 한 입 먹을 때마다 고습스러운 풍미를 느낄 수 있을 것입니다.

돼지 살코기 600g
삶은 병아리콩 300g
셀러리 40g
양파 40g
마늘 1쪽
화이트 와인 150g
화이트 와인 식초 20g
물 150g
시나몬
로즈마리 1가지
엑스트라버진 올리브유 60g
굵은 소금

how to

1 돼지고기를 손질해 네 조각이 나오도록 자릅니다. 끝부분과 '자투리'도 소스를 만들 때 사용할 것이므로 잘라서 볼에 담고 소금을 뿌려서 한쪽에 둡니다. **2** 셀러리와 양파를 씻어 잘라두고 마늘도 짓이겨 줍니다. **3** 스테인리스 냄비를 불에 올리고 기름을 한 번 두르고 양파와 셀러리를 넣고 색이 변하기 시작할 때까지 볶으세요. **4** 위의 3번 냄비에 '자투리' 고기를 넣고 잘 볶아 줍니다. **5** 고기가 잘 구워진 색이 나면 와인을 붓고, 이어 식초도 넣은 후 냄비에 물을 넣고 졸이기 시작합니다. **6** 위의 5번을 체에 걸러 한쪽에 둡니다. **7** 다른 냄비를 불에 올리고 기름을 두른 후 마늘을 넣고 열이 오르면 병아리콩을 넣어 줍니다.

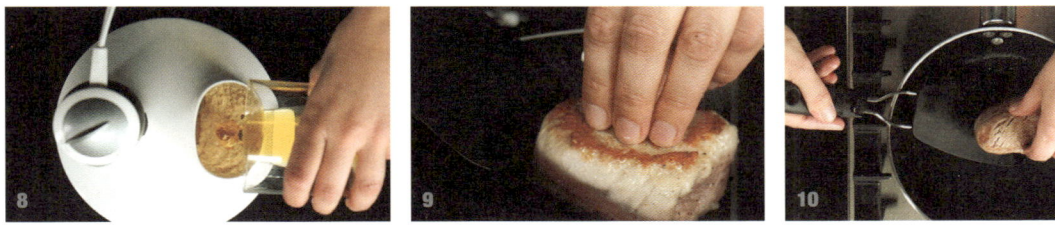

8 수분이 졸아들게 한 후 방망이형 믹서로 갈면서 7번의 기름 외에 가열하지 않은 올리브유를 추가로 넣고 병아리콩이 무스 농도가 될 때까지 믹서를 돌립니다. **9** 생 살코기를 소금과 후추로 간을 하고 열이 오른 코팅 프라이팬에 넣어 주는데 한 면마다 4분씩 구워야 고기가 부드러워집니다. **10** 살코기를 꺼내고 키친타월로 프라이팬을 닦아 냅니다.

11 위 10번의 프라이팬을 다시 불에 올리고 소스 몇 수저와(이 소스가 크림 같은 조직이 될 때까지 졸입니다) 고기를 넣고 1분간 가열합니다. 평평한 접시에 병아리콩 무스 완자 하나와 함께 고기를 담고, 소스와 잘게 부순 시나몬, 로즈마리를 뿌리면 완성입니다.

치킨 구이

단순하고 고전적인 전통 음식입니다. 겉 부분은 바삭하고 안은 따뜻하고 촉촉하게 완성되어야 합니다. 맛있지만, 아홉 가지나 되는 과정을 거쳐 마치 예술 작품을 만들 듯 준비해야 합니다. 그렇다고 그 과정들이 복잡하지는 않습니다. 일단 필자 개인적으로 엑스트라버진 올리브유를 유난히 좋아합니다. 아브루쪼Abruzzo에서 태어나 동물성 지방보다는 올리브유와 더 깊은 관계에 있는 문화권에서 자란 탓도 있습니다. 그러니까 이 책에서 버터를 사용하기로 했다면, 꼭 버터를 사용해야 할 타이밍입니다. 이 레시피의 경우도 버터가 닭껍질을 아주 바삭하고 향긋하고 맛있게 만드는 데 도움을 줍니다. 마사지하듯 섬세하게 닭을 문질러 주면 바삭함과 동시에 모든 수분은 안쪽에 그대로 남아 탄력 있고 촉촉한 식감을 얻을 수 있습니다. 프라이팬에서 구운 프리지텔로 고추를 곁들였는데, 여러분이 좋아하는 제철 음식을 곁들여도 괜찮습니다.

어린 수탉 2마리(일반 닭 사용 가능)
엑스트라버진 올리브유 20g
프리지텔로 고추 300g
버터 200g
타임 1가지
로즈마리 1/2가지
마늘 1/2쪽
소금

→ **프리지텔로 고추** 달큰한 맛이 나는 이탈리아산 고추. 한국에서는 오이고추나 피망 등으로 대체 가능함.

how to

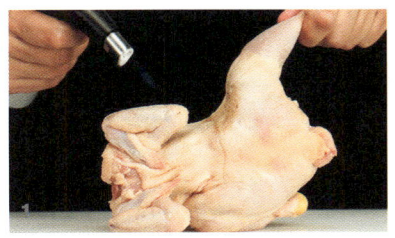

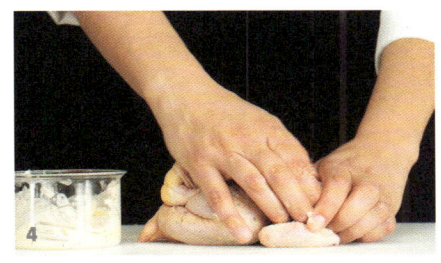

1 닭의 내장을 제거하고 세척한 후 불에 그을려 혹시 남아있을지 모르는 깃털을 제거합니다(토치로 해도 되고 버너 불에 해도 상관 없습니다). 그리고 끈으로 양발을 묶으세요. **2** 타임과 로즈마리를 다지고, 마늘도 살짝 짓누른 후 다집니다. **3** 믹싱볼에 다진 향신료들과 부드러운 상태의 버터를 넣습니다. **4** 위 3의 버터를 닭에 바르고 마사지합니다.

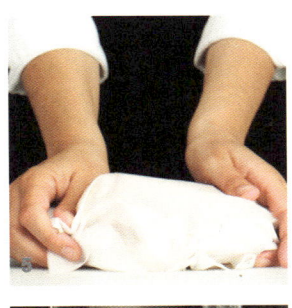

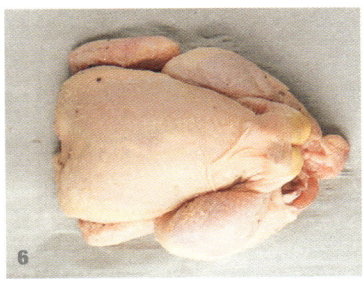

5 유산지로 닭을 감싸 냉장고에 한 시간 정도 넣어 둡니다. **6** 휴지가 끝난 닭을 냉장고에서 꺼내 유산지를 벗기고 180℃의 오븐에서 30분간 구우세요. **7** 닭을 굽는 동안 프라이팬에 프리지텔로 고추를 넣고 약간의 기름과 소금을 한 꼬집 뿌려 줍니다. 약 5분간 프라이팬을 계속 흔들어가며 가열합니다. **8** 평평한 접시에 닭 한 마리를 통째로, 혹은 네 조각으로 나누어 담은 후 프리지텔로 고추를 곁들이면 됩니다.

햄버거

패스트푸드의 유행 덕분에 요즘은 햄버거가 피자처럼 전 세계에 알려져 있고, 우리의 식사 메뉴에까지 들어와 습관처럼 먹게 되었습니다. 그래서 빨리 먹을 수 있지만, 만드는 과정은 그다지 빠르지 않은 요리라는 전제를 기반으로 특별한 레시피를 개발했습니다. 빵에서 케첩, 마요네즈, 고기까지 햄버거에 들어가는 모든 재료를 수제로 준비하고 싶었는데 그 레시피를 소개합니다.

햄버거빵(24~25페이지 참조) 4개
케첩(198~199페이지 참조)
라이트 마요네즈(40~41페이지 참조)
엑스트라버진 올리브유 20g
다진 소고기 400g
팡드미 110g
우유 120g
타임 1/2가지
레몬 제스트 1g
양상추 60g
소금
후추

how to

1 이 레시피에서는 빵과 라이트 마요네즈, 케첩, 이 세 가지를 미리 준비해야 하는데, 여러분이 직접 집에서 할 수 있습니다. 이것만 준비되면 바로 시작할 수 있습니다. 먼저 팡드미를 우유에 담그세요. **2** 타임을 다집니다.

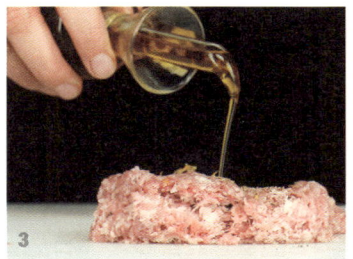  

3 다진 고기와 빵(잘게 찢어서 사용합니다), 타임, 잘게 다진 레몬 제스트, 소금, 후추, 올리브유를 섞습니다. **4** 쿠키틀을 이용해 햄버거 패티 모양을 만듭니다. **5** 위 4의 패티를 기름을 두른 코팅 프라이팬에서 앞뒤로 골고루 구우세요.

6 빵을 반 갈라 안쪽에 마요네즈를 발라 줍니다. **7** 위 6의 빵에 샐러드와 패티를 얹고 케첩을 바릅니다.

올리브, 타임, 파프리카, 시금치를 넣은 롤

소고기를 기본으로 한 평범한 메인 요리들과 달리 이 음식은 이중으로 조리해서 무척 가벼우면서도 풍미와 맛이 아주 좋다는 특징이 있습니다. 돼지비계와 아로마 허브, 올리브를 채운 후 소고기를 랩으로 감싸 찜기에서 익히는데 찜 온도는 그다지 높지 않고, 랩에 싼 채로 익히기 때문에 롤 안에 모든 즙과 수분이 남아 있고 향신료의 향도 유지됩니다. 차려 내기 바로 전에 프라이팬에 롤을 넣고 흔들어가며 한 번 구워줍니다.

소고기 살코기 4장
돼지비계 슬라이스 8장
블랙 올리브 40개
타임 1+1/2가지
마늘 1쪽
노랑 파프리카 2개
시금치 100g
엑스트라버진 올리브유
소금

how to

__1__ 올리브의 씨를 빼내고 잘게 다집니다. __2__ 도마에 랩을 깔아 놓고 기름을 조금 바르세요. 랩 위에 슬라이스한 고기를 올리고 유산지로 덮은 후 민서로 두드려 고기를 얇게 만드는데, 구멍이 뚫리지 않게 합니다. __3__ 유산지를 걷어내고 고기 위에 돼지비계 슬라이스를 올립니다. __4__ 올리브와 타임 잎을 추가한 후 둥글게 말아 롤을 만듭니다. __5__ 랩으로 감싼 후 양 옆을 꼼꼼하게 조여 줍니다. __6__ 파프리카를 손질할 차례입니다. 파프리카를 씻어 안쪽의 하얀 부분을 잘라내고 큼직한 조각으로 자릅니다. 냄비에 물을 담아 불에 올리고 물이 끓으면 대나무 찜기를 올려 놓습니다. 찜기 안에 잘라둔 파프리카를 늘어놓고 뚜껑을 닫아 14분간 찝니다.

__7__ 파프리카가 익으면 꺼내서 올리브유와 소금을 추가해 갈아 줍니다. __8__ 찜기에 고기롤을 넣고 4분간 찝니다. 그 사이 믹싱볼에 얼음물을 준비해 둡니다. __9__ 고기롤이 익으면 곧바로 얼음물에 담가 더 이상 익지 않게 합니다. 이 상태로 냉장고에서 이틀 정도 보관할 수도 있고 곧바로 요리에 사용할 수도 있습니다. __10__ 코팅 프라이팬에 기름을 둘러 불에 올리고, 열이 오르면 고기롤과 짓누른 마늘, 타임을 섞은 후 잘 구워줍니다. __11__ 다른 프라이팬에 기름을 아주 약간만 두르고 시금치를 30초 동안만 재빨리 볶습니다. 롤을 너무 얇지 않게 편으로 잘라 파프리카 소스, 시금치와 함께 접시에 담아 냅니다.

참치 소스에 절인 송아지 고기

이 레시피에서는 허브향이 진한 특별한 소금물을 이용해 차가운 상태로 조리하는 새로운 기술을 이용합니다. 물과 설탕, 소금, 허브 같은 아주 간단한 재료들을 가지고 고기에 밑간을 하는 혼합물을 만들 수 있습니다. 두 시간 정도, 되도록 볕이 들지 않는 곳에 고기를 재운 용기를 두면 소고기에 맛이 들어 참치 소스와 샐러드를 곁들여 먹을 수 있습니다.

이 소고기는 냉동해서 장기간 보관할 수도 있습니다. 냉동고에서 막 꺼냈을 때 소고기를 아주 얇게 자르면 언제라도 사용할 수 있는 간편한 카르파치오(익히지 않은 생 소고기를 얇게 썰어 그 위에 소스를 뿌려 먹는 요리)가 됩니다.

소고기 앞다리 살 1000g
탄산수 2000g
설탕 500g
타임 5가지
마조람 6가지
로즈마리 2가지
마늘 1쪽
월계수 잎 1장
소금 350g
흑후추 알갱이 10개
곁들일 혼합 샐러드

참치 소스 재료
정통 마요네즈(40~41페이지 참조) 250g
참치 75g
멸치 살 1장
무염 케이퍼 6알
레몬즙 1/2개분
소금

how to

__1__ 준비한 물의 절반(1000g)에 소금과 설탕을 넣고 잘 녹을 수 있도록 데워 줍니다 __2__ 물이 식기를 기다렸다가 허브와 향신료들을 넣고 나머지 물도 추가합니다. __3__ 고기를 넣습니다.

__4__ 고기에 빛이 닿아 변색되지 않도록 알루미늄 호일로 덮어 냉장고에 넣어 24시간에서 48시간까지, 고기의 크기에 따라 재워 둡니다(고기의 무게가 최소 1kg은 되어야 합니다). __5__ 양념수에서 고기를 꺼내 물기를 제거한 후 칼로 바깥 부분을 도려내세요. 그리고 아주 얇게 썰어 줍니다. __6__ 그럼 이제 참치 소스를 준비해 봅시다. 모든 소스 재료를 컵에 담고 방망이형 믹서로 갈아 줍니다.

__7__ 혼합 샐러드와 6번의 참치 소스와 함께 차려 내면 됩니다.

토마토 아그로돌체 소스를 곁들인 닭튀김

주재료인 닭을 되도록이면 유기농으로, 모이를 찾아 흙을 헤치며 자란 최상급을 선택할 필요가 있는 재미있는 식감의 요리입니다. 허브 샐러드를 곁들이면 풍미가 더해집니다. 일단 고기를 양념에 재우는 작업부터 시작해 맥주를 기본으로 한 반죽으로 튀김을 하는데 다른 튀김들처럼 이 튀김도 온도가 중요합니다. 얼음과 약간의 물을 넣은 그릇을 반죽을 담은 볼 아래에 받쳐 놓으면 차가운 반죽이 끓는 기름을 만날 때 일어나는 열 쇼크로 바삭하고 정말 맛있는 튀김이 만들어집니다.

닭 다리 4개
로즈마리 1/2가지
매운 파프리카 가루 1꼬집
양상추속과 어린 시금치 100g
엑스트라버진 올리브유 20g
레몬즙 1개분
타임 1가지
설탕 80g
화이트 와인 식초 120g
물 50g
토마토 페이스트 25g
땅콩기름 1000g
제철 새싹 채소 60g
골파(차이브) 6
소금
밀가루 180g
맥주 260g
샤프란 2봉지(생략 가능)

how to

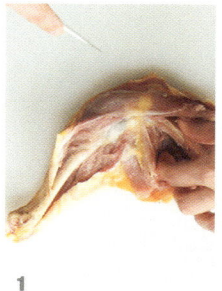 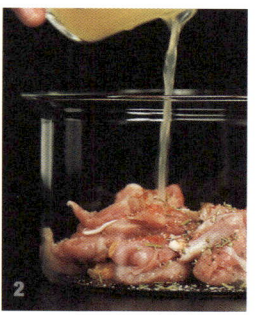  

<u>1</u> 닭 다리의 뼈를 발라내고 고기를 작게 토막냅니다. 다리 살을 사용하는 것은 조리했을 때 가슴살보다 더 촉촉하고 부드럽기 때문입니다. <u>2</u> 닭 다리 살과 레몬즙, 소금을 섞어 놓고, 로즈마리와 타임을 다져서 추가한 후 15분 정도 두어 양념이 스미게 합니다. <u>3</u> 아그로돌체 소스를 준비합니다. 냄비에 물과 식초를 담아 불에 올리고 설탕을 추가한 후 반으로 줄어들 때까지 끓이세요. 물의 양이 반이 됐으면 불을 끄고 토마토 페이스트를 넣고 거품기로 섞습니다. 식을 때까지 둡니다. 양배추속과 시금치, 골파 같은 제철 새싹 야채로 샐러드를 준비합니다. 샐러드 잎은 항상 손으로 찢어 줍니다. <u>4</u> 그릇에 밀가루와 샤프란 분말, 맥주를 넣고 섞어서 반죽을 준비합니다.

<u>5</u> 용기에 물과 얼음을 담아 냉장고에 넣어 두세요. 반죽이 아주 차가운 상태여야 끓는 기름과 만났을 때 열 쇼크를 일으켜 아주 바삭하고 담백한 튀김을 완성할 수 있습니다. <u>6</u> 키친타월로 닭의 물기를 제거해 반죽이 고깃살에 잘 붙게 합니다. <u>7</u> 냄비에 땅콩기름을 담아 160°C가 될 때까지 가열합니다. 한 입 크기의 닭고기를 반죽에 담갔다가 기름에 넣으세요. 이때 한 번에 너무 많이 넣지 말고 하나를 넣고 몇 초 기다렸다가 또 하나를 넣는 식으로 시간차를 두어 기름의 온도가 너무 낮아지지 않게 합니다.

<u>8</u> 닭고기가 익고 튀김옷이 바삭해질 때까지 충분히 튀깁니다. 다 튀겨지면 기름에서 건져 유산지에 올려 놓습니다. <u>9</u> 올리브유를 섞은 신선한 제철 새싹 샐러드와 아로마 허브, 아그로돌체 소스와 함께 차려 냅니다.

시금치 소스를 곁들인 폴페테

전통적인 레시피에서 영감을 얻은 맛깔스러운 음식입니다. 여기에서 소개하는 레시피의 진정한 특징은 고기를 볶지 않고 물에 삶은 후 토마토 소스에 넣고 서서히 끓이는 것입니다. 그리고 지방은 전혀 추가하지 않습니다. 그렇게 하면 매우 부드러워진 고기를 달걀과 빵, 우유와 섞어 폴페테의 기본 재료로 사용할 수 있습니다. 폴페테가 준비되면 튀겨서 토마토 소스로 양념을 하는데, 별도로 소스를 만들지 않고 고기를 담가 익혔던 소스를 사용합니다. 그리고 야채 본연의 신선한 맛이 살도록 차려 내기 바로 직전에 볶은 시금치를 곁들여 주면 좋습니다.

소고기 근육 부위 350g
엑스트라버진 올리브유
돼지 등심 250g
당근 90g
셀러리 50g
양파 80g
토마토 퓌레 700g
물 350g
팡드미 150g
우유 150g
달걀 1개
시금치 50g
해바라기유
소금

how to

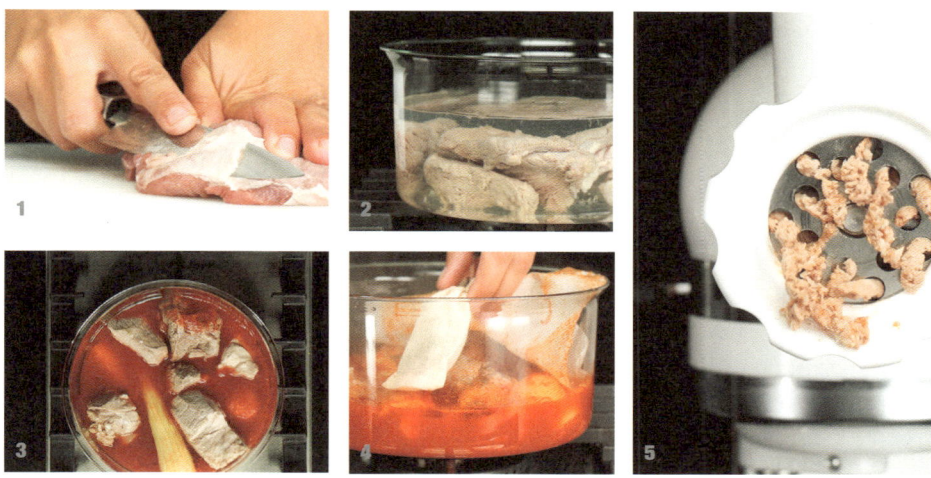

1 칼로 기름기를 제거하면서 고기를 손질합니다. **2** 냄비에 물을 끓여 고기를 넣고 5분간 삶으세요. 거품이 너무 많이 생기면 가끔 걷어내 줍니다. 고기를 건져 냉수에 담그세요. **3** 샐러리와 당근, 양파를 씻어 다른 냄비에 모두 담습니다. 깨끗하게 씻은 고기를 넣고 토마토와 물을 넣으세요. 뚜껑을 덮고 아주 약한 불에서 3시간 동안 끓입니다. **4** 고기가 완전히 익기 전에 냄비에서 건져내고, 토마토 소스가 졸아들도록 끓입니다. **5** 고기를 다집니다.

6 빵을 우유에 적셔 고기 그릇에 넣는데 이때 빵을 너무 잘게 찢지 말아야 합니다. **7** 달걀을 섞고 소금으로 간을 합니다. **8** 폴페테를 빚으세요. **9** 해바라기유를 두른 코팅 프라이팬에서 폴페테를 굽고 고기에서 갈색이 돌면 팬에서 꺼냅니다.

10 다른 프라이팬에 고기를 익힌 소스를 담아 데우다가 폴페테를 넣고 섞습니다. 폴페테에 양념이 스미면 꺼냅니다. **11** 프라이팬에 기름을 두르고 열이 오르면 시금치와 소금 한 꼬집을 넣고 잠깐만 볶다가 얼른 꺼내 줍니다. **12** 접시에 시금치를 놓고 그 위에 폴페테와 소스를 올립니다. 마지막으로 엑스트라버진 올리브유를 한 번 두르면 완성입니다.

양고기 스팔라

양고기의 어깨 살을 사용하고 달걀과 향신료를 뜨거운 상태로 유화해 더 부드럽고 우아하고, 무엇보다 전체적인 조화가 훌륭한 음식입니다. 일반적으로 어깨 살은 찜을 할 때 사용하지 오븐에 굽지는 않습니다. 필자는 뼈를 발라내고 고기의 조직과 맛이 변하지 않게 하려고 호일로 싸서 익혔습니다. 여러분이 직접 뼈를 바르기가 여의치 않으면 정육점에 부탁해도 되고 그냥 뼈가 있는 상태로 조리해서도 상관 없습니다. 다만 시간이 조금 더 걸리고 한 조각만 만들 때는 특히 주의를 기울여야 하지만 완성된 요리는 상당히 괜찮을 것입니다. 소금과 향신료를 넣어 풍미가 느껴지는 자바이오네를 금방 휘핑해 양고기에 곁들여서 단맛을 포인트로 주었습니다.

뼈를 제거한 양고기 어깨 살 2덩이
가염 자바이오네(196~197페이지 참조) 200g
로즈마리 10g
마늘 1쪽
돼지비계 100g
회향 수염
소금

how to

1 향신료를 다듬어 분쇄해 줍니다. 마늘도 로즈마리와 함께 짓이겨 다져 줍니다. **2** 칼로 돼지비계를 편으로 썬 후 다져서 로즈마리와 섞습니다. 돼지비계에 간이 충분히 되어 있지 않은 경우에만 소금을 넣어 줍니다.

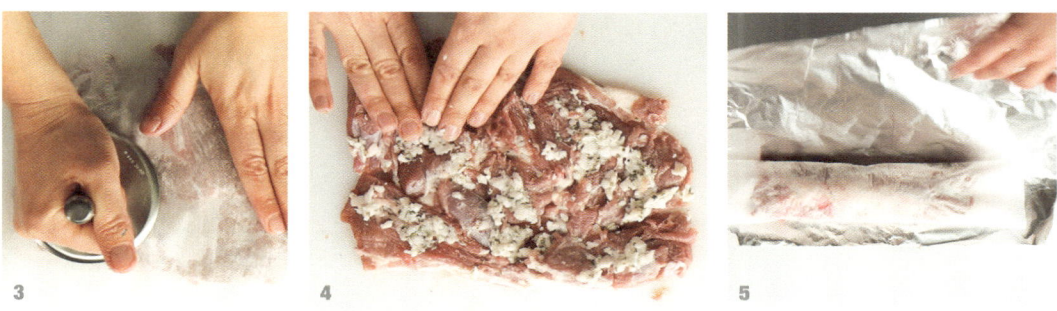

3 어깨 살이 전체적으로 동일한 두께의 '손수건' 모양이 되게 해 줍니다. 유산지를 덮고 민서(Mincer)로 두드리면 됩니다. **4** 두드려 놓은 어깨 살 전체에 돼지비계를 발라 줍니다. **5** 둥글게 말아 유산지로 한 번, 알루미늄 호일로 한 번 더 감싸면 고기가 익는 동안에도 촉촉함을 유지할 수 있습니다.

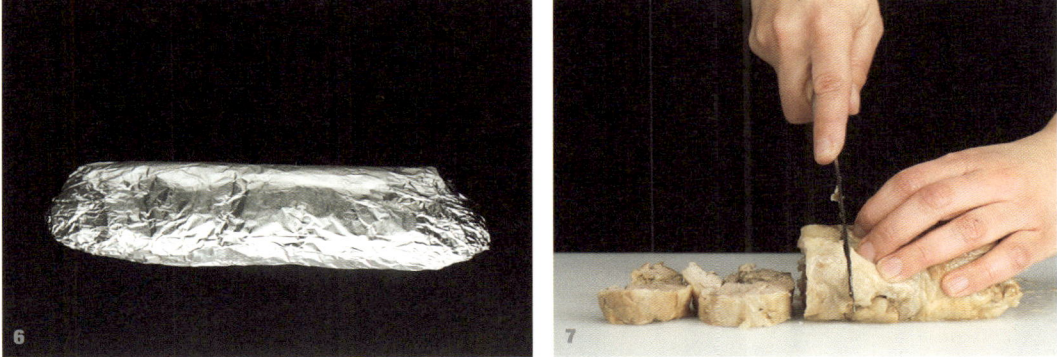

6 오븐에 넣고 140°C에서 2시간 동안 구우세요. **7** 양고기가 익으면 편으로 자릅니다. 온기가 가시기 전에 자바이오네와 회향 수염과 함께 차려 냅니다.

소스

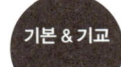 기본 & 기교

차갑거나 뜨거운 상태로 유화를 하든 휘핑을 하든 혹은 그냥 혼합만 하든 고기나 생선, 야채에 곁들일 수 있는 맛있는 소스를 만들 수 있습니다.

마늘 크림 재료
마늘 10쪽
우유 100g
물 600g
소금

가염 자바이오네 재료
달걀 노른자 2개
우유 100g
마조람
타라곤
회향 수염
해바라기유 50g
엑스트라버진 올리브유 40g
소금
후추

how to

마늘 크림

1 마늘 껍질을 벗기고 다듬어 놓고 냄비에 물을 받아 불에 올린 후 물이 끓으면 마늘을 넣어 줍니다. 4분간 삶은 후 물을 따라 버리는데 이렇게 물을 갈아가며 마늘을 삶는 과정을 4~5회 반복합니다. **2** 위 1번의 마지막 과정에서는 물 대신 우유에 마늘을 넣고 끓입니다. **3** 마늘의 심지를 제거합니다. **4** 마늘에 올리브유와 소금, 우유를 넣고 방망이형 믹서로 갈아 줍니다. 강한 맛을 원하면 마늘을 삶던 우유를 사용해도 되고, 부드러운 맛의 소스가 더 좋으면 다른 우유를 사용하면 됩니다.

가염 자바이오네

1 아로마 오일을 먼저 준비합니다. 냄비에 해바라기유와(아로마 오일을 만들 때는 가벼운 해바라기유를 선호합니다) 아로마 허브를 넣어 줍니다. 불에 올리고 기름에 기포가 생기자마자 불을 끄고 허브 향이 스미도록 그대로 두고 식혀 줍니다. **2** 소스팬이나 쩜통을 준비합니다. 이런 조리 도구가 없으면 냄비에 물을 넣고 그 위에 스테인리스 볼을 잘 밀착시켜 준비하면 됩니다. 달걀 노른자를 넣어 줍니다. **3** 준비한 우유의 반을 넣고 거품기로 치기 시작합니다. 2분 후 나머지 우유를 마저 넣어 줍니다. **4** 1분간 섞다가 아로마 오일을 넣고 낮은 불에서 거품기를 동일한 방향으로 빠르게 휘핑해 크림 농도를 만듭니다. 소금과 후추로 간을 합니다.

소스

기본 & 기교

케첩 재료
토마토 퓨레 250g
적양파 10g
통계피 1/2개분
화이트 와인 식초 15g
넛맥 2g
사탕수수 설탕 10g
페페론치노 고춧가루 1꼬집
엑스트라버진 올리브유 10g
소금

바질 소스 재료
바질 160g
파르미지아노 레지아노 치즈 60g
페코리노 로마노 치즈 60g
엑스트라버진 올리브유 100g
잣 20g
마늘 1/4쪽
냉수 170g
소금

how to

케첩

1 적양파의 껍질을 벗겨 다듬고 세척합니다. 반으로 잘라 곱게 채썰어 줍니다. **2** 큼비를 불에 올리고 열이 오르면 기름을 약간 두르고 양파를 넣으세요. **3** 토마토 퓌레를 섞고 뜨거워지면 사탕수수설탕을 추가합니다. **4** 설탕을 잘 섞고 난 후 식초를 넣어 줍니다. **5** 식초 냄새가 약해지면 곧바로 계피를 넣어 줍니다. **6** 마지막으로 페페론치노 고춧가루와 넛맥을 넣고 15~10분간 끓게 둡니다. **7** 소금을 넣고 계피를 꺼낸 후 방망이형 믹서로 갈아 줍니다.

바질 소스

1 방망이형 믹서 전용컵을 몇 분간 냉동고에 넣어 두고 그 사이 바질을 씻어 물기를 빼냅니다. **2** 치즈를 갈아 놓습니다. **3** 마늘을 세척합니다. **4** 믹서용 컵에 모든 재료를 넣으세요. **5** 얼음 두 개를 추가하고 갈아 줍니다. 소스가 선명한 초록색을 유지하게 하려면 용기에 담아 비닐랩을 꼼꼼하게 씌워 냉장 보관합니다.

셀러리, 무 퓨레를 얹은 돼지 정강이

메인 요리 중에서도 시간적 여유가 조금 있을 때 할 수 있는 고급 로스트 요리입니다. 일단 호일에 싸서 한 번, 그 다음에는 야채와 함께 한 번 더 오븐에 굽고, 정기적으로 화이트 와인으로 적시면 근육이 붙은 정강이가 부들부들해집니다. 이 레시피에서 신의 한 수는 야채와 와인, 레몬즙, 스타아니스를 끓여서 코팅하는 것입니다. 동양식에 가까운 이 코팅이 돼지고기와 정말 잘 어울립니다. 셀러리의 순수한 야채 맛이 전체적인 맛을 순하게 만들고 입안에서 상큼함을 느낄 수 있게 해줍니다.

돼지 정강이 2
셀러리 160g
당근 160g
양파 1개
화이트 와인 240g
셀러리악 300g
물 500g
레몬즙 1/4개분
스타아니스 1개
마조람 1가지
로즈마리 1가지
타임 1가지
엑스트라버진 올리브유 30g
소금

how to

  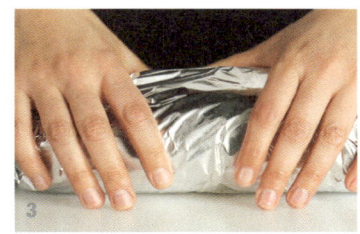

<u>1</u> 셀러리악을 씻어서 네모썰기해 줍니다. <u>2</u> 셀러리와 당근, 양파를 세척해 큼직하게 썰어 둡니다. <u>3</u> 돼지 정강이의 지방을 꼼꼼하게 제거하고 알루미늄 호일에 싸세요.

<u>4</u> 오븐팬에 유산지를 깔고 돼지 정강이와 셀러리, 당근, 양파를 올리고 160°C의 오븐에서 40분간 구워 줍니다. <u>5</u> 구워진 돼지 정강이를 오븐에서 꺼내 호일을 벗기고 준비한 화이트 와인의 절반을 부으세요. 다시 오븐에 넣고 40분간 더 굽습니다.

<u>6</u> 오븐이 가동되는 동안 냄비에 기름을 두르고 네모썰기한 셀러리악을 볶아 줍니다. 맛이 진한 크림을 만들려면 볶는 시간을 조금 더 늘이면 됩니다. 3~4분간 볶다가 물을 100g 정도 넣은 후 불을 낮추고 유산지로 덮은 후 셀러리악이 익을 때까지 가열합니다. <u>7</u> 셀러리악이 다 익으면 소금을 추가하고 방망이형 믹서로 갈아 줍니다.

<u>8</u> 오븐에서 정강이를 꺼내 각각 두 조각으로 자릅니다. 냄비에 정강이를 구울 때 나온 국물을 넣고 각종 야채와 레몬즙, 스타아니스, 물 400g, 타임, 마조람, 로즈마리를 넣으세요. <u>9</u> 위 8번의 내용물이 2/3 정도로 줄아들 때까지 끓인 후 체에 걸러 다시 불에 올려 되직해질 때까지 끓입니다. 붓으로 고기에 소스를 바릅니다. <u>10</u> 평평한 접시에 셀러리악 크림과 함께 정강이 구이와 소스를 담으세요.

unforketable.it

DESERT

디저트

딸기 바바레제와 요구르트 스프

수저로 떠먹는 디저트인데 만들기 어렵지 않습니다. 딸기의 상큼달콤한 맛을 요거트의 신맛과 어울리게만 하면 됩니다. 바바레제는 너무 차갑지 않아야 거품처럼 부드러집니다. 그러니까 온도에 신경을 써야 합니다! 우유와 달걀로 만드는 크림은 82℃까지 온도를 올려서 만들어야 딸기 퓌레와 휘핑한 크림과 완벽하게 어울릴 수 있습니다. 그리고 디저트를 만들 때는 온도를 정확하게 지켜야 한다는 점을 잊지 마세요. 여러분의 주방에 성능 좋은 베이킹용 온도계 하나쯤은 꼭 있어야 합니다.

딸기 200g
달걀 노른자 40g
설탕 50g
우유 150g
생크림 100g
플레인 요거트 50g
슈거파우더 5g
판젤라틴 4g
건포도

how to

1 딸기를 씻어 꼭지를 따고 갈아 줍니다. 딸기는 아주 잘 익은 것을 구입하는 게 좋습니다. 잘 익은 딸기가 향과 맛이 진하고 더 달콤합니다. **2** 갈아 놓은 딸기 중 일부를 덜어 슈거파우더 반 수저와 함께 섞어 소스를 만들어 둡니다. **3** 생크림을 휘핑해 랩을 덮어 냉장고에 넣어 둡니다.

4 젤라틴을 찬 물에 담그세요. **5** 달걀흰자와 노른자를 분리합니다. 노른자를 거품기로 젓다가 설탕을 섞습니다. **6** 우유를 데워 5의 노른자에 붓고 거품기로 섞습니다. **7** 냄비를 불에 올리고 우유와 달걀 노른자를 붓고 82°C로 가열합니다. **8** 불을 끄고 젤라틴의 물기를 꼭 짜서 넣어 줍니다.

9 위 8번의 혼합물을 볼에 담고 갈아놓은 딸기를 넣어 줍니다. **10** 5분 정도 식히고 온도가 33°C가 됐으면 휘핑한 생크림을 넣고 스패출러를 밑바닥에서 위로 오르락내리락하며 혼합합니다. **11** 위 10번의 크림이 잘 섞였으면 틀에 부어 냉장고에 최소 5시간 동안 넣어 둡니다(냉동해도 됩니다). **12** 냉장고 휴지가 끝나면 조심스럽게 틀을 분리합니다. 틀을 뒤집어 칼로 바닥 부분을 살짝 들어주면 쉽게 분리할 수 있습니다. 이렇게 완성된 바바레제는 4°C의 온도일 때 요거트와 2번에서 만들어둔 딸기 소스, 건포도와 함께 담아냅니다.

배 크림 슈와 초콜릿 글라쎄

배와 초콜릿의 조합은 아주 고전적입니다. 배의 시원함과 초콜릿의 쌉싸름한 맛이 상당히 대조적이지만 우아하게 잘 어울립니다. 바삭거리는 슈를 만들어 크림을 채우고 다크 초콜릿 코팅을 묻히면 되는 디저트입니다. 겉은 바삭하고, 속은 부드럽고 향긋하면서 전체적으로 초콜릿의 강한 맛을 즐길 수 있습니다.

슈 반죽(210~211페이지 참조) 240g
서양배 250g
바닐라빈 1/2개
물 250g
우유 50g
설탕 75g
달걀 노른자 40 g
옥수수 전분 12 g
강력분 10 g
민트 잎
산딸기 4

초콜릿 글라쎄 재료
초콜릿 72% 50 g
생크림 35 g
물 15 g

how to

1 코팅 글라쎄를 먼저 준비합니다. 칼로 초콜릿을 다져 중탕으로 녹입니다. **2** 생크림과 물을 데워 아직 따끈한 상태의 초콜릿에 붓고 잘 섞습니다. 이렇게 완성된 글라쎄는 식혔다가 사용할 때 다시 데우면 됩니다. **3** 배 껍질을 깎아 큼직하게 자릅니다. **4** 바닐라빈을 반으로 갈라 씨를 긁어 냅니다.

5 끓는 물에 배와 바닐라빈을 넣으세요. **6** 위 5번의 물을 따라 버리고 갈아 줍니다. **7** 달걀 노른자를 분리한 후, 노른자에 설탕을 넣고 거품기로 섞습니다. 체에 내린 밀가루와 옥수수 전분, 바닐라빈을 넣으세요. **8** 우유와 배 퓌레를 데워 7번의 달걀 노른자에 부어 줍니다. 이렇게 완성된 반죽을 냄비에 넣고 기포가 올라오기 시작할 때까지 끓입니다. 3분간 끓이다가 불을 끕니다. **9** 위 8번에서 완성된 슈반죽을 짤주머니에 넣고 유산지를 깔아 둔 오븐팬에 짜줍니다. **10** 손가락에 물을 묻혀 뾰족하게 올라온 부분을 살짝 눌러 줍니다. **11** 200°C의 오븐에서 15분간 구우세요. 슈가 잘 부풀었으면 오븐에서 꺼내 식혀 줍니다.

12 배 크림을 슈에 채워 넣습니다. **13** 미리 만들어둔 초콜릿 글라쎄를 미지근하게 데운 후 슈를 담갔다 빼냅니다. 글라쎄가 흐르지 않을 때까지 식혀서 산딸기 몇 개와 민트 잎으로 장식합니다.

제과 반죽

 기본 & 기교

이번에는 전통 디저트를 만들 때 사용되는 네 가지 기본 반죽인 슈 반죽, 스폰지 케이크 반죽, 쿠키 반죽, 도넛 반죽을 소개하겠습니다. 재료의 양은 8회 섭취량 기준입니다. 기본적인 반죽들이라 몇 번 해보면 자연스럽게 이해가 되고 여러분이 만드는 디저트의 기본으로 자리잡게 될 것입니다. 제과에서는 용량과 온도, 정확한 조리가 중요해서 반드시 지켜야 합니다. 잊지 마세요! 슈 반죽은 오븐 구이 슈나 튀김 슈, 도넛, 혹은 슈크림이나 파리브레스트 같은 디저트를 만들 때 사용됩니다. 쿠키 반죽으로는 오븐에 굽는 크로스타타, 크로스타틴, 비스코티를 만듭니다.

슈 반죽 재료
강력분 75 g
물 125 g
버터 60 g
달걀 2
소금 5 g

쿠키 반죽 재료
강력분 600 g
아몬드 가루 60 g
버터 300 g
달걀 2
설탕 180 g
바닐라빈 1개
소금 2 g

how to

슈 반죽

1 버터를 작은 조각으로 잘라 냄비에 넣고 물과 함께 녹입니다. 버터 대신 같은 용량의 라드(돼지기름)로 대체할 수 있습니다. **2** 물이 끓고 버터가 녹으면 곧바로 소금과 밀가루를 넣어 줍니다. **3** 나무 국자로 저으면서 2번의 내용물이 벽에 붙지 않을 때까지 몇 분간 가열합니다. **4** 불을 끄고 잠시 식혔다가 달걀을 하나씩 넣으면서 빠른 속도로 저어 섞습니다.

쿠키 반죽

1 예리한 칼로 바닐라빈을 반으로 갈라 씨를 긁어 냅니다. **2** 믹싱볼에서 강력분과 아몬드 가루를 섞습니다. **3** 버터를 작게 잘라 반죽기에 넣고 설탕도 넣어 줍니다. **4** 반죽기에 비터(혹은 평평한 거품기)를 끼우고 버터와 설탕이 완전히 섞일 때까지 작동합니다. **5** 바닐라빈을 넣은 후 달걀도 넣어 줍니다. 혼합한 밀가루를 넣고 잠깐 동안만 더 돌립니다. **6** 작업대에 반죽을 쏟아 놓고 한 덩어리로 재빨리 뭉쳐 줍니다. 완성된 반죽을 랩에 싸서 냉장고에서 휴지시킵니다. 쿠키 반죽은 냉동해도 괜찮습니다. 작은 덩이로 소분해서 냉동하면 나중에 해동해서 사용하기 편합니다.

제과 반죽

기본 & 기교

제누아즈(스펀지 케이크)는 아주 부드러운 케이크를 만들 때 기본이 됩니다. 여러 층으로 쌓은 케이크를 만들 때 가장 좋은 재료가 이 달콤한 스펀지빵, 제누아즈입니다. 층과 층 사이에 술이나 시럽을 발라도 탄력이나 부드러움을 잃지 않습니다. 한편 도넛 반죽pasta krapfen은 튀김 도넛에도 사용되지만 튀기지 않고 오븐에 구우면 브리오슈나 마리토쪼를 만들 수도 있습니다. 따뜻한 곳에서 발효해야 한다는 점만 신경쓰면 분명히 훌륭한 결과물을 얻을 수 있을 것입니다.

→ **마리토쪼**maritozzo 이탈리아 라지오 지방 전통 디저트. 밀가루와 달걀, 꿀, 버터, 소금으로 반죽한 작은 크기의 빵을 길게 반으로 갈라 휘핑크림을 가득 채워 넣는다.

제누아즈 반죽 재료
박력분 120 g
설탕 120 g
달걀 4
팬닝용 버터

도넛 반죽 재료
강력분 300 g
우유 100 g
버터 40 g
달걀 2
설탕 45 g
이스트 8 g
소금 4 g

how to

제누아즈

1 반죽기 그릇에 달걀을 깨서 넣으세요. **2** 거품기를 끼우고 달걀이 섞이면 설탕을 넣어 줍니다. 중속으로 전체적으로 거품이 풍성하게 올라올 때까지 작동시킵니다. **3** 체에 내린 밀가루를 넣고 주걱으로 아래에서 위로 훑듯 섞습니다. **4** 베이킹 팬에 버터를 바르고 반죽을 부으세요. **5** 160℃의 오븐에서 20분간 구워 줍니다.

도넛 반죽

1 먼저 '스타터(starter)'를 만듭니다. 우유에 이스트를 녹인 후 밀가루 90g을 넣고 잘 섞어 랩으로 덮어 40분간 발효시키면 됩니다. 이 스타터를 이용하면 본반죽의 발효가 더 잘 됩니다. **2** 버터를 잘게 자르고, 이 중 절반은 냄비에 녹입니다. **3** 볼에 달걀을 깨서 넣고 설탕을 추가합니다. **4** 반죽기의 믹싱볼에 스타터 반죽을 넣고 달걀과 나머지 분량의 밀가루, 소금을 넣으세요. 반죽기에 비터(평평한 거품기)를 끼워 돌리다가 잘라놓은 버터와 녹인 버터를 추가합니다. 반죽이 잘 섞일 때까지 작동시킵니다. 완성된 반죽을 볼에 담아 한 시간 정도 발효시킵니다. **5** 발효가 다 되면 밀대로 살짝 반죽을 밀어 펼쳐 놓은 후 삼절 접기를 합니다. **6** 오븐팬에 반죽을 놓고 천으로 덮어 2시간 동안 발효시킵니다. 발효가 끝나면 밀대를 이용해 2cm 두께로 밀어 놓고 쿠키틀로 동그란 모양으로 찍어 냅니다. 이렇게 성형까지 마친 반죽을 오븐팬에 올려 놓고 다시 한 번 천을 덮어 반죽의 부피가 두 배가 될 때까지 발효합니다.

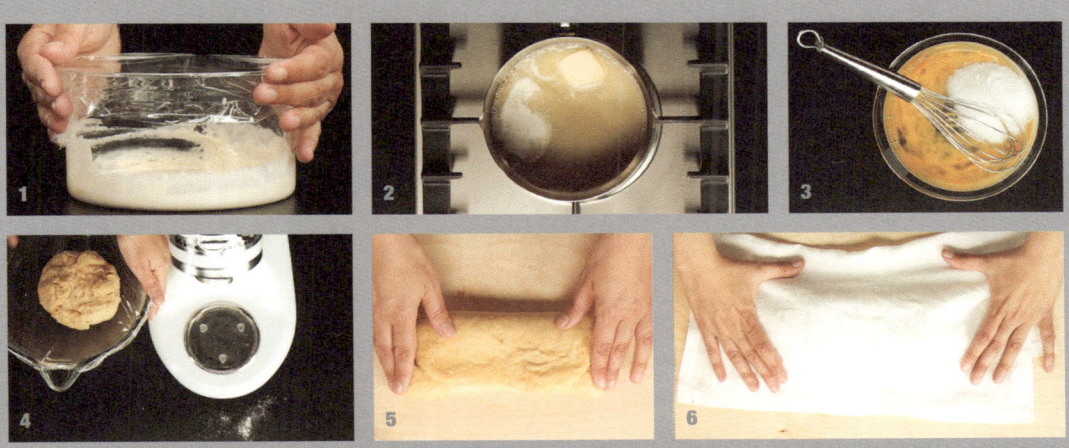

복숭아 절임을 채운 봄바 튀김

desert

봄바는 아침 식사로 먹을 수도 있지만 너무 맛있어서 하루 중 언제라도 먹고 싶어지는 음식입니다. 이 레시피에서 신경을 써야 하는 부분은 발효와 튀기는 과정입니다. 이 두 과정은 특히 시간과 온도를 정확하게 지켜야 합니다. 맛있는 봄바는 바삭하면서도 부드러워야 합니다. 빵속이 말랑하지만 수분은 적어야 합니다. 여기에서는 봄바 속에 너무 달지 않은 복숭아 절임을 넣었지만, 기호에 따라 크림이나 초콜릿 등 여러분이 좋아하는 재료를 넣으면 됩니다.

도넛 반죽(210~211페이지 참조) 250 g
복숭아 절임 100g
설탕
땅콩기름 1000 g

how to

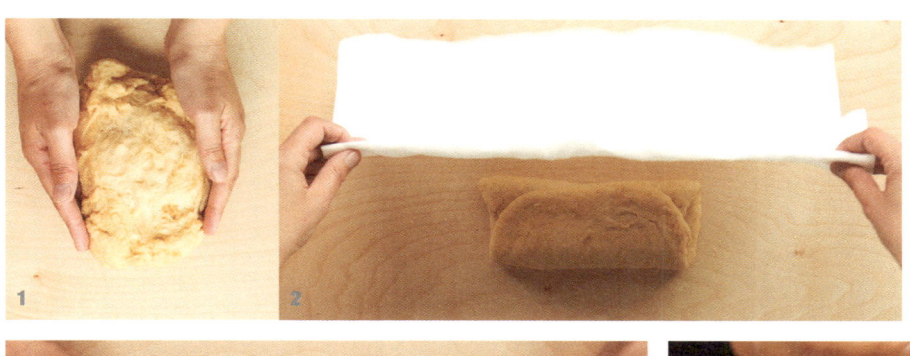

1 도넛용 반죽부터 시작합니다. 반죽을 볼에 담아 1차 발효를 한 후, 밀대로 가볍게 밀어 삼절 접기를 합니다. **2** 반죽을 오븐 팬에 놓고 천으로 덮어 2시간 동안 발효시킵니다. **3** 위 2번의 발효가 끝나면 반죽을 2cm 정도의 두께로 밀어 줍니다. **4** 쿠키틀로 동그란 모양으로 찍어 줍니다.

5 다시 한 번 천을 덮어 반죽이 두 배가 될 때까지 발효합니다. **6** 땅콩기름을 불에 올려 150°C가 되면 봄바 반죽을 넣으세요. 앞뒤로 골고루 색이 나면 유산지에 건져 놓습니다. **7** 뜨거울 때 설탕을 충분히 묻혀 줍니다. **8** 짤주머니에 복숭아 절임을 담아 봄바에 채워 넣으면 완성입니다.

크림 브리오슈  desert

아침 식사나 간식으로 좋은 부드럽고 달콤한 디저트입니다. 발효를 잘 해야 하는데, 습도가 높지 않고 통풍이 잘 되는 곳에 반죽을 둬야 합니다. 브리오슈에 커스터드 크림을 사용했는데 굽다가 표면에 한 번 올려 주었습니다. 커스터드 크림 대신 기호에 따라 슈거파우더를 뿌려도 되고 아무것도 뿌리지 않은 원래 그대로의 브리오슈를 즐겨도 됩니다. 커스터드 크림을 사용하지 않는 경우 나중에 생크림이나 아이스크림을 채워 넣어도 좋습니다.

라드 75g(초리조 혹은 살라미 대체 가능)
커스터드 크림(224~225페이지 참조) 500g
브리오슈 15개 분량
강력분 240g
중력분 240g
설탕 75g
달걀 2
드라이이스트 7.5g
물 150g
소금 7.5g

how to

1 반죽기에 강력분과 박력분, 설탕을 넣고 반죽용 후크를 끼워 돌리기 시작합니다. **2** 물과 이스트를 넣으세요. **3** 반죽기는 계속 작동하는 상태에서 달걀과 라드를 추가하고, 마지막으로 소금을 넣어 줍니다. 10분 정도 저속으로 작동시킵니다. 이런 식으로 글루텐 조직이라는 것이 형성되도록 합니다. **4** 랩으로 덮어 한 시간 동안 발효시킵니다.

5 반죽이 발효되면 작업대 위에 쏟아 놓고 60g씩 분할한 후, 두 손으로 굴려가며 공 모양을 만듭니다. **6** 베이킹 팬에 유산지를 깔고 반죽을 올려 한 시간 더 발효시킵니다. **7** 예열한 오븐에 넣고 13분간 구우세요. **8** 오븐에서 브리오슈를 꺼내 크림을 얹은 후 3분 더 굽습니다.

화이트초콜릿과 레몬 크림을 넣은 카놀리

진한 초콜릿과 상큼한 레몬맛의 대비가 이 디저트를 아주 특별하게 만들어 줍니다. 전통적인 레시피에서는 무가당 코코아 가루로 담배 모양 반죽의 맛을 내는데, 여기에서는 이 과자 부분을 아주 바삭하게 만들고 충전물로는 화이트초콜릿과 레몬즙을 기본으로 한, 실크처럼 섬세하고 부드러운 크림을 사용했습니다. 산책 중의 달콤한 간식이나 식후 디저트로 완벽한 음식입니다.

화이트초콜릿 125g
우유 90g
생크림 100g
젤라틴 3g
달걀 노른자 50g
레몬즙 15g

카놀리 재료
강력분 90g
무가당 코코아 가루 10g
버터 100g
달걀흰자 100g
설탕 100g
다진 헤이즐넛
블루베리 8개
민트 잎

how to

1 크림을 만들어 봅시다. 달걀의 노른자만 분리해 볼에 넣고 거품기로 섞습니다. **2** 판젤라틴을 찬물에 담가 한쪽에 둡니다. **3** 레몬즙을 짜서 체에 거릅니다. **4** 화이트초콜릿을 잘게 잘라 그릇에 담아 둡니다. **5** 우유와 생크림을 함께 끓인 후 달걀 노른자에 천천히 쪼르륵 부으세요. 냄비를 다시 불에 올려 82°C로 끓입니다. **6** 불을 끄고 젤라틴을 꼭 짜서 집어 넣은 후 섞습니다. **7** 화이트초콜릿을 추가합니다. 레몬즙도 넣고 잘 섞은 후 큰 볼에 담으세요. 랩으로 덮어 냉장고에서 식힙니다. **8** 냉장고에서 크림이 식는 동안 카놀리를 만듭니다. 볼에 부드러운 상태의 버터(냄비에 담아 가열해 녹이거나 중탕으로 녹여도 되지만, 온도가 너무 높아지지 않도록 주의해야 합니다), 코코아 가루, 밀가루, 달걀흰자, 설탕을 넣고 거품기로 섞습니다. 랩으로 덮어 15분 정도 휴지시킵니다.

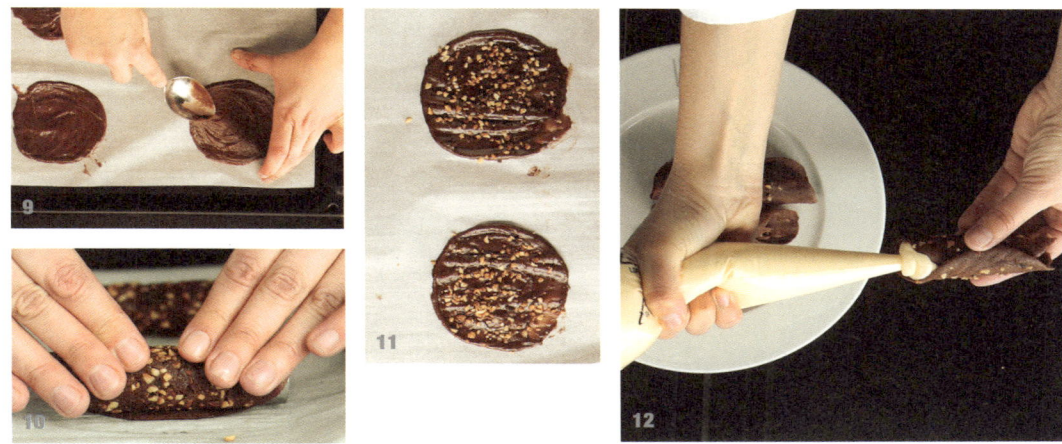

9 오븐팬에 유산지를 깔고 수저를 이용해 위 8번의 반죽으로 동그란 모양을 만듭니다. **10** 다진 헤이즐넛을 뿌리고 160°C의 오븐에 넣어 6분간 구우세요. **11** 위 10번의 쿠키가 구워지면 오븐에서 꺼내 곧바로 스패튤라로 떼냅니다. 그리고 카놀리용 틀을 감싸 원통형이 되게 합니다. 이 과정은 쿠키가 식으면 구부릴 수 없는 상태가 되므로 재빨리 해야 합니다. **12** 카놀리를 식힌 후 짤주머니를 이용해 크림을 채워 넣으세요. 민트 잎과 베리류의 과일을 장식해 차려 냅니다.

올리브유 칸투치와 파시토 소스

토스카나 지방 전통 과자인데 버터 대신 올리브유를 사용해서 훨씬 가볍습니다. 이 책에서는 파시토 와인이나 붉은 포도로 만든 지빕보 와인을 응축해서 만든 맛있는 소스를 곁들여 줍니다. 이 소스의 특징은 만들기가 정말 쉽다는 것입니다. 모든 재료를 같은 양으로 준비해 끓이기만 하면 됩니다. 칸투치(혹은 토쩨티)는 비스코티입니다. 바삭하다 못해 거의 딱딱하게 느껴질 정도의 식감을 만드는 비법은 이름 그대로 두 번 굽는 것입니다. 이 비스코티는 뚜껑이 있는 그릇에 담아 놔야 오래 보관할 수 있습니다.

→ **파시토 와인**vino passito 와인 중 가장 단맛이 강한 와인. 그늘에서 오랫동안 말린 포도로 만든 와인.
→ **지빕보 와인**Zibibbo 단맛과 산도가 높은 와인. 지빕보라는 이름은 아프리카어로 '건포도'인 지비브zibibb에서 유래됨.

아몬드 125g
달걀 3개
중력분 300g
설탕 125g
생크림 20g
베이킹파우더 2g
해바라기유 45g
소금 2g

파시토 소스 재료
달걀 노른자 50g
설탕 50g
화이트 와인 50g
파시토 와인 50g

○파시토 와인: 달콤한 디저트 와인

how to

1 코팅 프라이팬에서 아몬드를 몇 분간 볶은 후 식힙니다. **2** 달걀 하나를 생크림과 섞습니다. 비스코티를 오븐에 넣기 전에 코팅할 때 사용할 것입니다. **3** 반죽기에 2번에서 사용하고 남은 달걀과 설탕을 넣어 줍니다. **4** 해바라기유를 쪼르륵 따라 부으면서 2분 동안 휘핑합니다. 반죽기를 끄고 비터로 바꿔 끼우세요. 밀가루와 베이킹파우더, 소금을 넣어 줍니다. **5** 아몬드를 넣고 잠깐만 더 돌립니다. **6** 완성된 반죽을 작업대로 옮겨 줍니다. **7** 밀가루를 살짝 뿌리고 원통형으로 성형합니다.

8 오븐팬에 유산지를 깔고 달걀과 생크림 섞어 놓은 것을 바른 후 170°C의 오븐에서 35분간 굽습니다. **9** 덩어리째 구운 반죽을 오븐에서 꺼냅니다. **10** 일정한 두께로 자릅니다. **11** 비스코티를 다시 오븐에 넣어 170°C에서 10분간 구워 수분을 제거합니다. **12** 냄비에 달걀 노른자와 설탕, 화이트 와인, 파시토 와인을 넣고 소스를 만듭니다. 재료들이 끓으면 불을 끕니다. **13** 칸투치와 소스를 함께 담아 내는데, 소스는 미지근해도 되고 차가워도 상관 없습니다.

바닐라 크림 브륄레

 desert

세계적으로 유명한 고전적인 디저트입니다. 전통적인 크렘 캐러멜creme caramel을 만들 때처럼 가볍고 섬세한 푸딩 느낌의 반죽을 창작해 오븐용 꼬꼬떼(소형 냄비)에 담았습니다. 반죽이 고체 농도가 됐을 때, 사탕수수 설탕을 뿌리고 표면을 그을렸고 이 크림에 향신료를 첨가할 수도 있습니다. 예를 들어 감초나 라임, 생강을 사용해 보세요.

생크림 250g
달걀 노른자 50g
설탕 50g
사탕수수 설탕 50g
바닐라빈 1/2개

how to

1 달걀을 분리해 노른자를 볼에 담고 거품기로 깨트리세요. 설탕을 넣고 섞는데 공기집이 생기지 않을 정도로만 저어 줍니다. 이 크림에서는 거품을 올리면 안 됩니다. 가능한 푸딩 같이 단단해야 하기 때문에 크림에 공기가 들어가지 않게 하는 것이 좋습니다. **2** 바닐라빈을 길게 반으로 가르고 칼끝으로 씨를 긁어냅니다. **3** 냄비를 불에 올리고 생크림과 바닐라빈을 넣어 살짝 끓인 후 불을 끕니다. **4** 생크림을 달걀 노른자에 한 줄로 쪼르륵 따라 붓고 거품기로 섞어 살균을 하는데, 공기집이 생기지 않도록 조심스럽게 혼합합니다.

5 위 4의 혼합물을 작은 꼬꼬떼 냄비에 부으세요. **6** 오븐팬에 꼬꼬떼를 놓고, 스팀으로 익을 수 있도록 크림의 높이까지 물을 채워 줍니다. 130°C의 오븐에 45분간 넣어 둡니다. **7** 오븐에서 꼬꼬떼를 꺼내 윗면을 사탕수수 설탕으로 한 겹 덮어 줍니다. **8** 토치로 사탕수수 설탕을 그을러 크림 위에 단단한 막이 생기게 합니다.

커스터드 크림 크레이프와 감귤 캐러멜

조화롭고 따뜻한 디저트지만 복잡해서 모든 과정에 주의를 기울여야 합니다. 전체적으로 세 가지 과정으로 나뉘지만, 그다지 어렵지 않은 간단한 방법으로도 만들 수 있습니다. 또 크레페를 미리 준비 해뒀다가 먹기 직전에 재료들을 채울 수도 있습니다. 커스터드 크림의 깔끔하고 풍부한 맛이 오렌지의 새콤함과 만나 세련되고 우아하게 균형을 이룹니다.

중력분 80g
생크림 25g
설탕 10g
우유 200g
달걀 3개
버터
커스터드 크림
(224~225페이지 참조) 200g

오렌지 캐러멜 재료
오렌지 제스트 4g
오렌지 주스 85g
레몬즙 50g
설탕 60g

how to

1 달걀과 우유, 생크림을 믹싱볼에 넣고 섞어 크레페 반죽을 만듭니다. 전체적으로 잘 섞이려면 모든 재료의 온도가 동일해야 합니다. **2** 위의 재료들을 잘 섞은 후 밀가루를 넣고, 덩어리진 것이 있으면 다 풀어줍니다. 30분 정도 휴지시킵니다. **3** 캐러 멜을 준비해 봅시다. 레몬과 오렌지의 즙을 짜서 체에 한 번 걸러 줍니다. **4** 오렌지 껍질을 벗겨냅니다(흰 부분까지 같이 깎여 나오지 않게 합니다). **5** 냄비를 불에 올리고 설탕과 오렌지 두 개를 짠 즙과 위 4번의 껍질을 넣으세요. 3~4분후 끓기 시작하 면 불에서 내려 식혀 줍니다. **6** 코팅 프라이팬을 불에 올리고 버터 한 조각을 녹인 후, 키친타월로 닦아냅니다. 이 키친타월은 다음 크레페를 구울 때 프라이팬에 버터를 바르는 용도로 사용할 것입니다. **7** 위 6번의 프라이팬을 불에서 내려 살짝 열기가 식게 한 후 프라이팬 중앙에 크레페 반죽을 부으세요.

8 프라이팬을 다시 불에 올리고 크레페가 익을 때까지 둡니다. 한 번 뒤집어 양면 모두 익히는데 색이 너무 진하게 나지 않게 적당히 구워야 합니다. 프라이팬에서 꺼내 키친타월을 깔아 둔 접시에 놓고 그 다음 크레페를 구우세요. **9** 만들어 놓은 반죽 을 다 구우면, 도마에 올려 놓고 원하는 크기의 원형 쿠키틀로 눌러 찍어냅니다. **10** 동그란 크레페 중앙에 짤주머니로 커스터 드 크림을 짜놓고 테두리 부분에 흰자를 살짝 발라 줍니다. **11** 크레페 한 장을 위 10번 위에 올리고 가장자리를 잘 붙입니다. **12** 코팅 프라이팬을 불에 올리고 크레페 하나당 50g 정도의 캐러멜을 넣은 후, 조심스럽게 크레페를 올려 맛이 스미게 합니 다. 한 면에 캐러멜이 잘 묻었으면 뒤집어 줍니다. **13** 캐러멜을 한 번 더 뿌리고 오렌지 제스트를 올려 따끈할 때 차려 냅니다.

크림

기본 & 기교

이번에는 고전적인 커스터드 크림(우유, 달걀, 설탕)에서 아로마 크림(코코아 크림, 커피 크림, 캐러멜 크림 등), 다양하게 변형한 버전의 영국식 크림 등 몇 가지 크림 레시피를 소개하도록 하겠습니다. 커스터드 크림과 달리 영국식 크림은 밀가루를 사용하지 않습니다. 중요한 것은 달걀의 응고 온도입니다. 달걀이 얼마나 잘 응고됐느냐에 따라 입안에서 느껴지는 벨벳 같이 부드러운 식감을 좌우하기 때문입니다. 크림도 유행을 따를 수 있는 요소가 상당히 많고, 특히 재료를 대체할 수 있습니다. 글루텐에 내성이 없는 사람을 위해 밀가루를 전분으로 바꿀 수 있고, 생우유 대신 물을 사용하면 좀 더 가벼운 크림을 만들 수 있습니다. 설탕도 꿀로 바꿀 수 있습니다. 그리고 크림을 사용하는 방법도 무척 많습니다. 단순한 크림을 과일과 함께 컵에 담을 수도 있고, 슈나 크로스타타, 밀푀유 같은 디저트에 사용할 수도 있습니다. 여러분이 직접 선택해 보세요!

밀가루로 만든 커스터드 크림 재료
우유 250g
달걀 노른자 50g
강력분 35g
설탕 50g
레몬 제스트

초콜릿 커스터드 크림 재료
달걀 노른자 40g
쌀전분 10g
설탕 45g
초콜릿 70% 100g
우유 250g
레몬 제스트
소금

밀가루로 만든 커스터드 크림

1 달걀 노른자를 분리해 볼에 담으세요. **2** 거품기로 달걀 노른자를 섞은 후 설탕과 체에 내린 밀가루를 넣습니다. **3** 냄비를 불에 올리고 우유와 레몬 제스트를 넣습니다. **4** 우유가 끓기 시작하면 불을 끄고 달걀 노른자에 천천히 한 줄기로 쪼르륵 부어 달걀이 소독되게 합니다. **5** 위 4번을 다시 불에 올려 거품기로 저으면서 크림을 가열합니다. 크림이 되직해지고 거품이 생길 때부터 1분만 더 끓이고 불을 끕니다. 완성된 크림을 볼에 옮기고 랩이 크림과 직접 닿도록 밀착해 덮으세요. 그래야 크림에 막이 생기지 않습니다. 이제 식히기만 하면 완성입니다.

초콜릿 커스터드 크림

1 예리한 칼로 바닐라빈을 반으로 갈라 씨를 긁어 냅니다. **2** 믹싱볼에서 강력분과 아몬드 가루를 섞습니다. **3** 버터를 작게 잘라 반죽기에 넣고 설탕도 넣어 줍니다. **4** 반죽기에 비터(혹은 평평한 거품기)를 끼우고 버터와 설탕이 완전히 섞일 때까지 작동합니다. **5** 바닐라빈을 넣은 후 달걀도 넣어 줍니다. 혼합한 밀가루를 넣고 잠깐 동안만 더 돌립니다. **6** 작업대에 반죽을 쏟아 놓고 한 덩어리로 재빨리 뭉쳐 줍니다. 완성된 반죽을 랩에 싸서 냉장고예서 휴지시킵니다. 쿠키 반죽은 냉동해도 괜찮습니다. 작은 덩이로 소분해서 냉동하면 나중에 해동해서 사용하기 편합니다.

크림

기본 & 기교

물을 넣은 커스터드 크림 재료
물 250g
달걀 노른자 75g
쌀전분 30g
설탕 40g
레몬 제스트
소금

꿀을 넣은 커스터드 크림 재료
우유 250g
달걀 노른자 75g
쌀 전분 25 g
아카시아 꿀(혹은 다른 종류의 꿀) 40g
레몬 제스트
소금

how to

물을 넣은 커스터드 크림

1 달걀 노른자를 분리해 볼에 담고 거품기로 노른자를 깨트려 섞습니다. **2** 준비한 설탕의 절반과 체에 내린 전분을 넣습니다. **3** 냄비를 불에 올리고 물과 나머지 절반의 설탕, 레몬 제스트를 넣습니다. **4** 끓기 시작하면 곧바로 불을 끄고 레몬 제스트를 넣은 물을 달걀 노른자에 천천히 한 줄기로 쪼르륵 부으세요. **5** 냄비를 다시 불에 올리고 거품기로 저으면서 크림을 가열합니다. 소금도 한 꼬집 추가합니다. 크림이 되직해지고 거품이 생긴 때부터 1분만 더 끓이고 불을 끕니다. 완성된 크림을 볼에 옮긴 후 랩을 크림과 밀착시켜 덮고 식혀 줍니다.

꿀을 넣은 커스터드 크림

1 달걀 노른자를 분리해 볼에 담으세요. **2** 거품기로 노른자를 깨트려 섞고 꿀을 넣습니다. 꿀의 종류를 바꾸면 크림의 맛도 달라집니다. **3** 체에 내린 전분을 추가합니다. **4** 냄비를 불에 올리고 우유와 레몬 제스트를 넣습니다. 끓기 시작하면 곧바로 불을 끄고 달걀 노른자에 천천히 한 줄기로 쪼르륵 부으세요. **5** 냄비를 다시 불에 올리고 거품기로 저으면서 크림을 가열합니다. 크림이 되직해지고 거품이 생긴 때부터 1분만 더 끓이고 불을 끕니다. 완성된 크림을 볼에 옮긴 후, 랩을 크림과 밀착시켜 덮고 식혀 줍니다.

크림

기본 & 기교

영국 바닐라 크림 재료
우유 175g
생크림 75g
달걀 노른자 50g
바닐라빈 ½ 개
설탕 25g
소금

영국 카카오 크림 재료
우유 175g
생크림 75g
달걀 노른자 50g
무가당 코코아 분말 15g
설탕 25g
소금

how to

영국 바닐라 크림

1 달걀 노른자를 분리해 거품기로 깨트리세요. 설탕과 소금을 넣어 줍니다. **2** 작은 칼로 바닐라빈의 반을 갈라 씨를 긁어 냅니다. 우유와 생크림을 불에 올려 거의 끓기 직전에 불을 끄고 바닐라빈을 넣고 향이 스며들도록 몇 분 동안 그대로 둡니다. **3** 생크림과 우유를 섞어 달걀 노른자에 천천히 따라 붓고 거품기로 잘 섞어 줍니다. **4** 불에 다시 올려 82°C, 최고 85°C까지 가열합니다. **5** 체에 걸러 줍니다. **6** 용기를 얼음물에 올려 곧바로 식힙니다. 랩을 크림과 닿도록 밀착시켜 덮고 냉장고에 보관합니다.

영국 카카오 크림

1 달걀 노른자를 분리해 볼에 담고 거품기로 섞습니다. 설탕과 소금을 넣습니다. **2** 우유와 생크림을 불에 올려 거의 끓을 때까지 가열합니다. 코코아 가루를 넣고 몇 분 동안 녹기를 기다립니다. **3** 위 2번을 달걀 노른자 위에 천천히 따라 부으면서 거품기로 섞습니다. **4** 불에 다시 올려 82°C, 최고 85°C까지 가열합니다. **5** 체에 걸러 줍니다. **6** 용기를 얼음물에 올려 곧바로 식혀 줍니다. 랩을 크림과 닿도록 밀착시켜 덮고 냉장고에 보관합니다.

크림

기본 & 기교

영국 캐러멜 크림 재료
우유 175g
생크림 75g
달걀 노른자 50g
바닐라빈 1/2개
설탕 25g
소금

영국 커피 크림 재료
우유 175g
생크림 75g
달걀 노른자 50g
커피 원두 30g
설탕 25g
소금

how to

영국 캐러멜 크림

1 달걀 노른자를 분리해 볼에 담고 거품기로 섞습니다. **2** 뾰족한 칼로 바닐라빈을 반으로 갈라 씨를 긁어 냅니다. 우유와 생크림을 불에 올리고 거의 끓을 때쯤 불을 끕니다. 긁어낸 바닐라빈을 넣고 몇 분 동안 녹기를 기다립니다. **3** 생크림과 우유를 달걀 노른자에 한 줄기로 부으면서 거품기로 저어 줍니다. **4** 스테인리스 냄비에 설탕과 소금을 넣고 황색이 될 때까지 가열해 캐러멜화합니다. **5** 불을 끄고 우유와 달걀 노른자를 섞습니다. 불을 켜고 82°C, 최고 85°C까지 가열합니다. **6** 체에 거른 후 얼음물에 용기를 올려 곧바로 식힙니다. 랩을 크림과 닿도록 밀착시켜 덮고 냉장고에 보관합니다.

영국 커피 크림

1 달걀 노른자를 분리해 볼에 담고 거품기로 섞습니다. 설탕과 소금을 넣습니다. **2** 코팅 프라이팬에 커피 원두를 볶은 후 절구에 넣고 빻아 줍니다. **3** 우유와 생크림을 불에 올려 거의 끓을 때쯤 불을 끕니다. 커피가루의 양을 측정해 추가하고 몇 분 동안 녹기를 기다립니다. **4** 생크림과 우유를 달걀 노른자에 한 줄기로 따라 부으면서 거품기로 섞은 후 체에 걸러 줍니다. **5** 불에 다시 올려 82°C, 최고 85°C까지 가열합니다. **6** 다시 한 번 체에 걸러 줍니다. **7** 용기를 얼음물에 올려 곧바로 식혀 줍니다. 랩을 크림과 닿도록 밀착시켜 덮고 냉장고에 보관합니다.

미니 사과 타르트

 desert

따뜻하게 먹을 수도, 차갑게 먹을 수도 있는 전통 디저트로 먹기 하루 전날 미리 준비해 놔도 괜찮습니다. 이 미니 타르트는 끓여 만든 사과 퓌레를 맛보는 것이 아니라 신선한 사과를 한 입 베어 물었다는 느낌을 줘야 합니다. 그래서 사과를 어느 정도 크게 네모썰기해서 바삭한 식감이 남도록 했습니다. 그리고 제누아즈를 사용해 안정감 있는 형태와 촉촉함이 유지되고 크림과 우아하게 조화를 이루도록 했습니다.

골든 딜리셔스 사과 100g (일반 사과 사용 가능)
제누아즈(210~211페이지 참조) 200g
쿠키 반죽(208~209페이지 참조) 200g
커스터드 크림(224~225페이지 참조) 200g
마르살라 와인 30g
시나몬 파우더 1작은술
아스코르브산(비타민 C) 5g
물 250g
설탕 100g
누름용 콩

o 시나몬 파우더는 온라인에서 구매 가능

how to

1 유산지 두 장을 쿠키 반죽 위, 아래에 두고 밀대로 평평하게 밀어 놓은 후 원형 쿠키틀로 동일한 크기의 반죽을 네 장 찍어 둡니다. **2** 반죽을 틀에 넣습니다. **3** 쿠키 반죽 위에 유산지를 둥글게 잘라 놓고 콩을 올려 반죽이 부풀지 않게 합니다. 160°C의 오븐에서 8분 굽습니다. **4** 짤주머니에 커스터드 크림을 넣어두고, 쿠키 반죽을 찍을 때 사용한 쿠키틀로 제누아즈도 네 개 찍어 둡니다. **5** 사과 껍질을 깎아 네모썰기를 해서 차례차례 물에 담그고 갈변 방지를 위해 비타민 C도 넣어 줍니다. **6** 냄비를 불에 올리고 물과 설탕, 시나몬 파우더, 마르살라 와인을 넣고 10분간 끓입니다. 다 끓였으면 불을 끄고 식힙니다. **7** 제누아즈를 수평으로 반을 가른 후 붓으로 마르살라 시럽을 발라줍니다.

8 오븐에서 쿠키 반죽을 꺼내 유산지와 콩을 걷어내고 커스터드 크림을 한 겹 짜줍니다. **9** 시럽을 바른 제누아즈를 한 장 더 올려 줍니다. **10** 커스터드 크림도 한 겹 더 짜줍니다.

 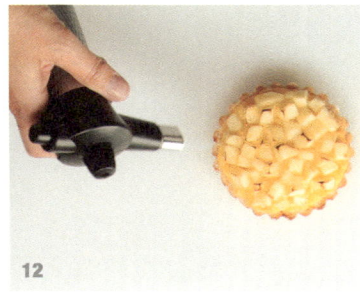

11 사과의 물기를 제거하고 위의 10번 위에 올립니다. **12** 정제 설탕을 조금 뿌리고 180°C의 오븐에서 6분간 구우세요. 오븐에서 꺼낸 후 윗면을 요리용 토치로 그을리고 평평한 접시에 크림을 살짝 짠 후 그 위에 타르트를 놓아 움직이지 않도록 합니다.

와인에 절인 무화과 슬라이스를 곁들인 초콜릿 무스

desert

매우 균형감 있고 우아하고, 대비되는 맛에 포인트를 준 조화로운 디저트입니다. 반죽 같은 무스의 크림성과(반죽 같지만 부드럽고 공기가 가득 차 있어요) 쌉싸름한 초콜릿의 강한 맛, 향이 가미된 와인의 깊이와 농후함 그리고 마지막으로 무화과의 상큼함과 질감, 달콤함이 향연을 이루죠. 입을 즐겁게 하는 맛과 톡 쏘는 맛의 대조가 일품입니다.

다크초콜릿 200g
생크림 250g
달걀 3개
달걀 노른자 3개분
설탕 20g
젤라틴 3.5g
무화과 4개
설탕 20g
몬테풀치아노 와인 500g
통계피 1개
레몬 제스트
영국 바닐라 크림
(228~229페이지 참조) 100g
흑후추 알갱이 3개

how to

1 초콜릿을 다져 중탕으로 녹입니다. **2** 젤라틴을 찬물에 5분간 담가 둡니다. **3** 생크림을 50%만 휘핑합니다. 그래야 마지막에 혼합할 때 더 잘 섞입니다. 랩으로 덮어 냉장고에 넣어 둡니다. **4** 달걀 노른자를 분리해, 노른자 두 개와 전란 3개를 중탕 냄비에 넣어 줍니다. **5** 설탕을 넣고 불을 켠 후, 거품기를 들었을 때 반죽으로 글씨를 쓸 수 있을 정도까지 휘핑합니다. **6** 위 5번의 자바이오네가 준비되면 젤라틴의 물기를 꼭 짜서 넣고 거품기로 완전히 녹을 때까지 저어 줍니다. 불에서 내려 천천히 식힙니다. **7** 위 6번의 반죽을 다른 용기에 옮겨 담고 녹인 초콜릿을 넣고 온도를 25°C로 맞춥니다.

8 생크림을 넣고 섞는데, 반죽과 생크림의 온도가 동일해야 합니다. 고무 주걱으로 아래에서 위로 훑듯이 섞습니다. 완성된 초코 크림을 저장 용기에 담아 뚜껑을 덮은 후 냉장고에 최소 5시간 넣어둡니다. 완벽한 크림을 만들려면 최소 12시간 동안 냉장하는 것이 좋습니다. **9** 이제 무화과를 준비합니다. 냄비에 레드 와인과 통계피, 후추, 레몬 제스트를 넣고 불에 올리세요. 열이 오르면 설탕을 넣고 녹입니다. **10** 설탕이 녹으면 불을 끄고 무화과를 넣고 술이 식기 전까지 담가 둡니다. 유산지를 술에 밀착해 덮습니다. 이렇게 하면 열기의 손실이 적어 무화과가 완벽하게 익게 됩니다.

11 무화과가 차가워지면 와인에서 꺼내 반달 모양으로 잘라 놓습니다. **12** 오목한 접시에 영국 바닐라 크림과 초콜릿 무스 케넬을 밑바닥으로 깐 후, 무화과를 담갔던 와인을 한 방울 뿌려 마무리합니다.

레몬 초콜릿과 커피 무스

레몬과 초콜릿의 조합은 너무 과하거나 너무 튀는 맛이라고 생각하는 사람들이 많은데 이 디저트에서도 대비되는 맛을 그대로 받아들여 보기로 했습니다. 소스가 대비되는 두 맛의 기점이라고 할 수 있습니다. 소스에 들어간 올리브유가 커피와 초콜릿을 부드럽게 만들어 전체적으로 조화롭고 깊은 맛이 납니다.

설탕 40g
레몬 제스트 12g
레몬즙 200g
달걀흰자 3개분
설탕 180g
50% 휘핑한 생크림 600g
젤라틴 14g
민트 잎

초콜릿 커피 소스 재료
초콜릿 72% 140g
물 200g
차가운 커피 60g
분말 커피 15g
엑스트라버진 올리브유 40g

how to

1 젤라틴을 물에 담그세요. **2** 커터 용기에 설탕과 레몬 제스트를 넣고 두 재료가 잘 섞일 때까지 커터를 작동합니다. **3** 반죽기를 이용해 생크림을 휘핑해서 냉장고에 넣어 둡니다.

4 이탈리안 머랭을 준비합니다. 반죽기에 달걀흰자와 슈거파우더를 넣고 휘핑하면 됩니다. **5** 레몬즙을 짜서 레몬 제스트, 설탕과 함께 머랭에 넣고 스패출러로 아래에서 위로 훑듯이 섞어 줍니다. 이때 머랭이 죽지 않도록 주의해야 합니다. **6** 약간의 물에 녹인 젤라틴을 넣고 신속하게, 이때도 바닥에서 위쪽으로 주걱을 움직여서 섞어야 합니다. **7** 반죽을 저장 용기에 옮겨 담고 랩으로 밀착해 덮은 후 냉장고에 최소 12시간 동안 넣어 둡니다. **8** 초콜릿, 커피 소스를 만들어 봅시다 초콜릿을 잘게 썰어 줍니다. **9** 냄비에 물과 액상 커피, 분말 커피, 올리브유를 넣고 불에 올립니다. 가열하는 동안 재료들이 섞이도록 저어 줍니다.

10 냄비를 불에서 내려 초콜릿에 붓고 방망이형 믹서를 돌린 후 15분 정도 휴지시킵니다. **11** 작은 국자로 오목한 접시에 초콜릿 소스를 붓고 레몬 무스 커넬을 올립니다. 올리브유를 한 번 두르고 레몬 제스트와 민트 잎을 몇 장 장식해 완성합니다.

레몬과 엑스트라버진 올리브유를 넣은 플럼케이크

유럽에서 항상 떨어지지 않게 사두고 아침 식사로 많이 먹는 고전적인 디저트인데, 필자는 버터를 빼서 칼로리를 낮추고 레몬의 강한 신맛을 추가했습니다. 레몬의 산^{acid}은 요리를 할 때 포인트를 주기 때문에 맛을 낼 때 아주 중요한 요소입니다. 주방에 꼭 필요한 존재죠. 산성은 대비되는 맛들은 더 강조하고 비린 맛은 줄이고 디저트에 상큼함을 더합니다. 레몬의 특징인 이 산성은 즙과 껍질에서 얻을 수 있습니다. 레몬 껍질의 흰 부분은 음식 전체에서 쓴맛이 나게 할 수 있으니 이 부분은 사용하지 않는 게 좋습니다.

강력분 200g
달걀 250g
설탕 150g
물 20g
레몬 제스트 25g
레몬즙 60g
엑스트라버진 올리브유 25g
베이킹파우더 8g
소금 2g

how to

1 커터 용기에 설탕과 레몬 제스트를 갈아 넣습니다.   **2** 재료가 잘 섞일 때까지 커터를 돌려 줍니다.   **3** 레몬즙을 짜줍니다.

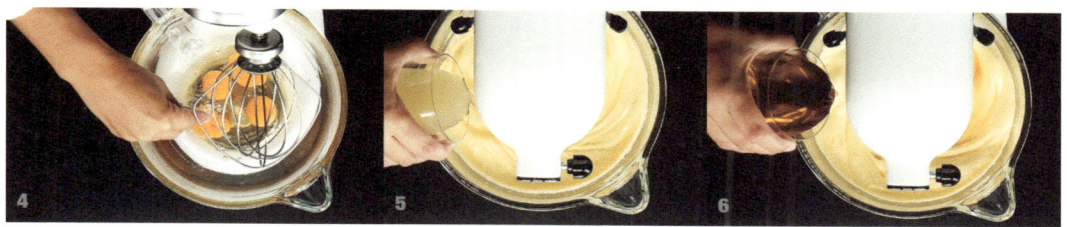

4 반죽기에 달걀과 소금을 넣고 빠른 속도로 돌립니다.   **5** 설탕과 레몬을 넣고 전체적으로 거품이 형성될 때까지 커터를 작동시킵니다.   **6** 거품이 잘 올라왔으면 반죽기를 끄지 않은 상태에서 올리브유를 넣어 줍니다. 마요네즈를 만드는 과정과 비슷합니다.

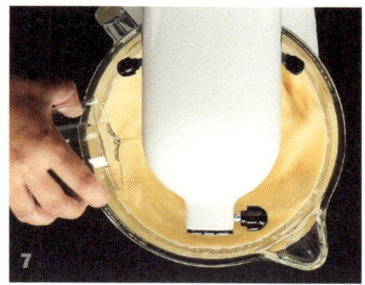

7 레몬즙과 물을 추가할 차례입니다.   **8** 반죽기에서 볼을 꺼내 덩어리가 생기지 않도록 밀가루를 세 번에 나누어 넣고 베이킹파우더를 섞은 후, 버터를 바른 파운드케이크 틀에 부어 줍니다.

9 170°C로 예열한 오븐에 틀을 넣고 45분 동안 구워 줍니다. 오븐에서 꺼내 식히면 완성입니다.

자두 소스를 곁들인 자바이오네 세미프레도

생크림의 독특한 부드러움과 우아한 맛과 더불어 새콤한 자두의 자극이 흥미로운 디저트입니다. 다른 생과일을 사용할 수도 있지만 주의할 점이 한 가지 있습니다. 과일이 전체적으로 단맛을 너무 강하게 만들면 안 된다는 것입니다. 오히려 단맛을 줄여줘야 합니다. 그러니까 너무 익은 과일을 사용하는 것도 좋지 않고 설탕을 많이 넣어도 안 됩니다.

달걀 노른자 100g
설탕 80g
물 50g
생크림 70g
피스타치오 20g
붉은 자두 200g

how to

1 달걀의 노른자를 분리해 줍니다. **2** 반죽기에 휘퍼를 끼우고 생크림을 휘핑합니다. 너무 단단하게 올리지는 마세요. 냉장고에 넣어 둡니다.

  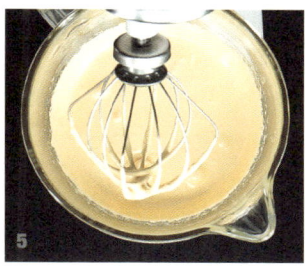

3 냄비에 물과 설탕을 넣고 불에 올려 주방용 온도계로 온도를 체크합니다. **4** 온도가 121°C가 되면 반죽기에 담은 달걀 노른자에 한 줄로 따라 부으세요. 온도가 115-116°C로 내려가면 반죽기를 돌립니다. **5** 노른자와 시럽 혼합물이 차가워질 때까지 계속 휘핑합니다.

6 50%만 휘핑한 생크림을 넣고 스패출러로 바닥에서 위로 훑듯 섞어 거품은 꺼지지 않게 합니다. 다 섞이면 냉동고에 12시간 동안 넣어 둡니다. **7** 이제 소스를 준비해 봅시다. 자두를 큼직하게 자릅니다. **8** 냄비에 자두를 넣고 낮은 불에서 10분 정도 가열합니다. **9** 방망이형 믹서로 간 후 식혀 줍니다. **10** 차려내기 직전에 오목한 접시에 소스를 담고 세미프레도를 얹고, 피스타치오로 장식하면 완성입니다.

→**세미프레도** semifreddo 아이스크림에 비스킷이나 크림, 과일, 술을 혼합해 차갑게 먹는 과자류.

구운 티라미수

고전적인 이탈리아 디저트로, 달걀의 살균을 위해 지켜야 하는 규칙 한 가지만 신경 쓰면 됩니다. 노른자를 121°C의 온도에서 설탕과 섞으면 달걀이 익기 때문에 안전하고 안정감도 있는 티라미수를 만들 수 있습니다. 사보이아르디든 아니든 바닥에 깔 비스킷은 각자 좋아하는 것으로 하면 됩니다. 하지만 마스카르포네(아주 신선해야 합니다)와 커피, 무가당 코코아 가루는 마음대로 바꾸면 안 됩니다. 한 가지 조언을 하자면, 디카페인 커피를 사용하면 어린이까지 먹을 수 있는 완벽한 디저트가 됩니다.

생크림 300g
마스카르포네 치즈 350g
설탕 150g
물 50g
달걀 노른자 5개분
사보이아르디 쿠키 10개
커피 100g
코코아 분말 4g

○사보이아르디 쿠키는 온라인에서 구매 가능

how to

1 생크림을 휘핑해 냉장고에 넣어 둡니다. **2** 달걀의 노른자를 분리해 휘퍼를 끼운 반죽기에 넣어 줍니다. **3** 냄비에 물과 설탕을 넣고 불에 올려 주방용 온도계로 온도를 체크합니다.

4 온도가 121°C가 되면 반죽기에 담은 달걀 노른자에 한 줄로 따라 부으세요. 온도가 115~116°C로 내려가면 반죽기를 돌립니다. 노른자와 시럽 혼합물이 차가워질 때까지 계속 휘핑합니다. **5** 혼합물이 차가워진 상태에서 마스카르포네 치즈를 넣고 짧은 시간 동안 빠른 속도로 반죽기를 돌립니다. **6** 생크림을 넣고 스패츌러로 바닥에서 위로 훑듯 섞은 후, 짤주머니에 담아 냉장고에 넣어 둡니다.

7 사보이아르디를 차가운 커피에 적신 후 반으로 잘라 병의 밑바닥에 깔아 줍니다. **8** 마스카르포네 크림을 짜올리고 사보이아르디를 한 층 더 올린 후, 마스카르포네 크림으로 윗면을 채우세요. 냉장고에 2시간 이상 넣어 둡니다.

9 냉장고에서 꺼내 카카오 가루를 뿌리면 완성입니다.

로베쉬아타 살구 타르트

일반적인 과일 케이크와 달리 이 타르트는 위아래를 완전히 뒤집어 놓아서 '로베쉬아타'라는 이름이 붙습니다. 이탈리아어로 로베쉬아타가 뒤집었다는 뜻입니다. 반죽을 탈효해서 파트 브리제pate brisee(파이 반죽의 하나로 단맛이 두드러지고 부드러운 것이 특징)보다 푹신하다는 점에서 프랑스의 타르트 타탱Tarte Tatin과 비슷합니다. 이 타르트는 살구의 상큼함과 진한 맛이 강조되어 있습니다. 아침 식사나 간식용으로 최고의 디저트입니다.

살구 500g
중력분 100g
설탕 40g
버터 75g
달걀 60g
베이킹파우더 8g

how to

1 살구를 씻어 반으로 갈라 씨를 제거합니다.   **2** 준비한 버터의 2/3를 틀에 꼼꼼하게 바르고 설탕을 뿌린 후 살구의 '겉면이 아래를 향하도록' 배치합니다.

3 반죽을 준비합니다. 버터를 저어 부드러워지면 달걀부터, 한 번에 하나씩 넣은 후 베이킹파우더와 함께 체에 내린 밀가루를 넣고 섞습니다.   **4** 살구 위로 반죽을 부워 줍니다. 이때 살구 사이의 틈에 반죽을 꼼꼼하게 채워야 합니다.   **5** 180°C로 예열한 오븐에서 50분간 구워 줍니다.   **6** 타르트가 다 구워지면 오븐에서 꺼냅니다. 1분 정도 기다렸다가(식을 때까지 기다리면 안 됩니다) 서빙 접시에 뒤집어 놓습니다. 따뜻하거나 미지근할 때 차려 냅니다.

레몬과 아마레나 머랭 케이크

 desert

부드러운 머랭, 쿠키 반죽, 새콤한 레몬 크림, 아마레나. 복잡하지만 정말 맛있는 이 디저트에 들어가는 재료들입니다. 겉 부분이 부드러운 머랭이 여러 재료들의 질감과 균형을 이룹니다. 연못에 숨은 깜짝 선물처럼 케이크 안쪽에는 시럽에 재운 체리가 네 개씩 들어 있습니다.

쿠키 반죽(208~209페이지 참조) 200g
시럽에 재운 체리 16개
달걀흰자(달걀 3개분) 60g
레몬 2개
달걀 2개
슈거파우더 220g
옥수수 전분 10g
틀에 채울 콩

how to

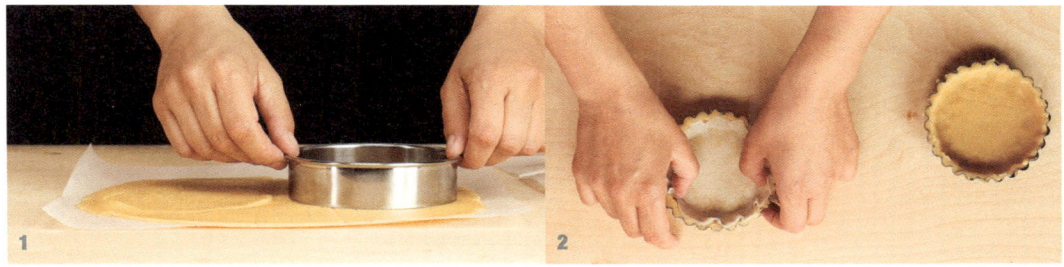

1 쿠키 반죽의 위와 아래에 유산지를 놓고 밀대로 밀어 놓고 원형 쿠키틀로 찍어 놓습니다. **2** 틀에 반죽을 넣고 손가락으로 살짝 눌러 줍니다. 반죽 위에 동그랗게 자른 유산지를 깔고 콩을 올려 굽는 동안 반죽이 부풀어오르지 않게 합니다. 아니면 포크로 반죽에 구멍을 뚫어 놓아도 됩니다. 160°C의 오븐에서 8분 정도 구우세요.

3 그 사이 크림을 만듭니다. 제스터(zester)로 레몬 껍질을 벗기고 즙을 짜서 그릇에 담아 둡니다. 씨는 제거해야 합니다. **4** 레몬즙에 옥수수전분을 넣고 거품기로 잘 녹여 줍니다. **5** 다른 그릇에 달걀을 깨서 넣고 슈거파우더 100g을 체에 내려 섞습니다. 달걀과 설탕을 섞어 놓은 그릇에 레몬즙과 껍질을 넣어 줍니다. **6** 크림을 중탕으로 가열합니다. 계속 저으면서 농도가 되직해지면 불을 끄고 한쪽에 둡니다. **7** 오븐에서 쿠키 반죽을 꺼내 콩과 유산지를 걷어내고 레몬 크림과 아마레나(타르트 하나당 4알)를 넣습니다. 오븐에 다시 넣어 130°C에서 10분간 굽습니다. **8** 달걀흰자를 반죽기에 넣고 휘핑합니다. 머랭이 50% 올라오면 남은 슈거파우더를 넣고 계속 휘핑합니다. 일자형 깍지를 끼운 짤주머니에 머랭을 넣어 줍니다.

9 오븐에서 타르트를 꺼내 몇 분 동안 기다려 미지근해 지면 머랭으로 장식합니다. **10** 요리용 토치로 머랭을 그을러 주면 완성입니다.

캐러멜 소스를 곁들인 초콜릿 케이크

여러분에게 다크초콜릿을 넣은 특별한 초콜릿 케이크를 소개합니다. 이제는 전통 디저트가 된 초콜릿 케이크는 냉동을 했다가 곧바로 오븐에 구워낼 수 있어서 상당히 편리합니다. 대신 품질이 아주 월등한 초콜릿을 사용하고, 오븐의 온도를 잘 맞춰야 합니다. 완성된 케이크의 겉면은 무척 바삭한 반면 안쪽은 딱딱하게 굳지 않은 액체 상태의 따끈한 초콜릿입니다.

다크초콜릿 70% 125g
버터 60g
달걀 2개
우유 35g
생크림 50g
중력분 20g
영국 캐러멜 크림
(230~231페이지 참조) 120g

how to

1 버터를 조각으로 자릅니다. **2** 버터와 초콜릿을 중탕으로 녹입니다. **3** 그 사이 달걀과 우유, 생크림을 볼에 넣고 섞는데 거품이 올라올 정도로 섞지는 마세요. **4** 초콜릿과 버터가 녹으면 미지근해질 때까지 기다렸다가 3번의 달걀 혼합물과 섞습니다. **5** 밀가루도 넣고 잘 섞습니다. **6** 원통형 틀에 버터를 바른 후 밀가루를 묻혀 줍니다.

7 반죽을 틀에 부으세요. **8** 냉동고에서 반죽을 완전히 냉동시킵니다(최소 2시간). 냉동고에서 꺼내 170°C에서 8분간 굽습니다.

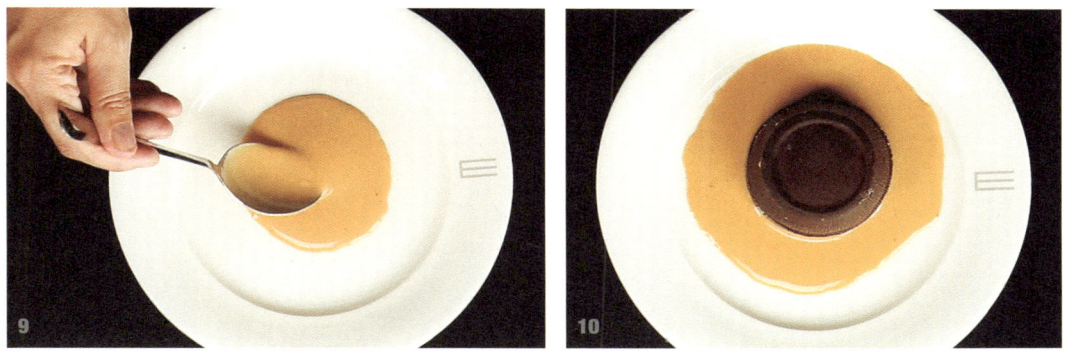

9 영국 캐러멜 크림을 접시 바닥에 깔아 줍니다. **10** 케이크를 오븐에서 꺼내자마자 차려 냅니다.

가벼운 토마토 라구 소스 말탈리아티 72
가에타산 블랙 올리브 26, 86
가염 리코타 치즈 110
가염 자바이오네 194
가자미 137
가지새우 136, 160
가지와 짠맛 리코타 84
감귤 캐러멜 222
감자 갈레트 재료 176
감자 반죽 68, 76
감자 크림 34
감자빵 가루 144
경밀 제분 세몰라 86
고기 육수 116
고르곤졸라 돌체 106
골든 딜리셔스 사과 232
관치알레 78
광어 스튜(구아쩨또) 156
구운 티라미수 242
구운 판자넬라 26
그라니 스미스(granny smith) 50
꼴뚜기 133, 164
꼴뚜기 튀김 148
꿀 뇨키 106
꿀을 넣은 커스터드 크림 226

낙지와 주꾸미 135
넙치 136
농축 생선 스프 164
뇨케티(gnocchetti) 74

닭튀김 190
대구 135
대구 폴페테 152
도넛 반죽 212
도넛 반죽 재료 210
돼지 볼살 베이컨 176
돼지 안심 180
돼지 정강이 200
돼지기름 아귀 146
듀럼밀 22
딸기 바바레제 204
또따노 137
또따노 오징어 166

ㄹ

라드 28, 146
라마토 토마토 20
라이스 고로케 126
라이트 마요네즈 40
러시안 샐러드 38
레몬 초콜릿 236
로베쉬아타 살구 타르트 244
로사 소스 40
로즈마리 말탈리아티 70
로즈마리 스파게티 96
롤 186
롤 파스타 반죽 76
롬비(Rombi) 파스타 73
루(roux) 62
루시앙 올리비에(Lucien Olivier) 38
리가토니 84

마늘 크림 재료 196
마늘 퓌레 조른 174
마니토바 밀가루 28
마르살라 드라이 와인 122
마리토쪼(maritozzo) 210
마스카르포네 치즈 242
마케론치니(maccheroncini) 74
만두형 파스타용 반죽 64, 66
메쩨 마니께 파스타 78
멸치 133
멸치 튀김 138
모르나이 소스 62
모르타델라 28
모르타델라 소시지 28
무염 케이퍼 188
무청 46
무화과 슬라이스 234
물과 밀가루로 만든 반죽 70, 74
물을 넣은 커스터드 크림 226
미니 사과 타르트 232
미니 오이 38
민트 가지 26
민트 스프 52
민트로 만든 팔로테 42
밀가루로 만든 커스터드 크림 224
밀라네제 리소토 116

바닐라 크림 브륄레 220
바질 소스 158
바질 소스 재료 196

index

바질 파스타 84
바칼라 86
바칼라 라비올리 86
바칼라 만테카토 142
바칼라(말린 대구) 튀김 140
배 크림 슈 206
백후추 알갱이 162
베샤멜라 60, 62
병아리콩 70
병아리콩 무스 180
복숭아 절임 212
봄바 튀김 212
봉골레 카바텔리 68
부카티니 58
부케가르니 128
부팔라 리코타 치즈 64
부팔라 모차렐라 치즈 64
부팔라 카넬로니 64
브라사토 174
브로콜리 뇨께티 104
브루스케타 루스티카 20
브리오슈 24

사보이아르디 쿠키 242
산딸기 식초 150
살시체 소시지 122
살시치아 소시지 스프 54
새끼 문어 아포가토 154
새끼 양고기 170
새우 134
샐러드 재료 178
생 페페론치노 50

생선과 조개 세척법 132
샤프란 꽃술 110, 116
샤프란 뇨키 110
세몰라 46
세몰라로 만드는 반죽 74
세몰리노 106
소고기 육수 120
소금 구이 농어 162
소스 재료 178
송로버섯 34
송아지 고기 188
쇠고기 비안케토 172
슈 반죽 206
슈 반죽 재료 208
스카페체 토끼 튀김 178
스캄피 리소토 114
스키아포니 90
스타터(starter) 211
스트라키노 치즈 30
스파게토니(spaghettoni) 74
스프르마토(sformato) 48
스프르마티노 158
슬로우 주서(slow juicer) 50
시나몬 파우더 232
쏨뱅이 136, 164

아귀 134, 164
아마레나 머랭 케이크 246
아마트리치아나 리가토니 88
아브루쪼(Abruzzo) 182
아스코르브산 52
아스파라거스 라구 탈리아텔레 130

아이스버그 양상추 114
아이올리 40
아티초크 52
아티초크 스키아포니 90
알갱이 흑후추 78
양고기 스팔라 194
에멘탈 20
연경성 치즈 20
염분을 제거한 대구 140
영국 바닐라 크림 228
영국 카카오 크림 228
영국 캐러멜 크림 230
영국 커피 크림 230
오레키에테(orecchiette) 74
오렌지 마멀레이드 140
오렌지 캐러멜 재료 222
오징어 133
오징어 뇨키 108
올리브유에 절인 말린 토마토 26
요구르트 스프 204
월계수 스파게티 94
육수에 담근 카펠레티 66
이탈리안 파슬리(프레쩨몰로) 112
익반죽 뇨키 스프 128

자두 소스 240
자바이오네 세미프레도 240
정통 마요네즈 188
제과 반죽 208
제누아즈 반죽 재료 210
주카 리소토 118
주키니 플랜 48

주키니 호박 42
지빕보 와인(Zibibbo) 218
지중해식 토끼 요리 176

참치 소스 40
참치 소스 재료 188
초콜릿 글라쎄 206
초콜릿 글라쎄 재료 206
초콜릿 무스 234
초콜릿 커스터드 크림 224
초콜릿 커피 소스 재료 236
초콜릿 케이크 248
치커리 68
치킨 구이 182
치폴로토 96

카넬로니 60
카놀리 216
카놀리 재료 216
카르나롤리 쌀 114
카르보나라 메쩨 마니께 78
카치오카발로 124
카치오카발로 20, 44
카치오카발로 리소토 124
칸투치 218
캐러멜 소스 248
커스터드 크림 크레페 222
커피 무스 236
케이프 스파게티 98
케첩 198

콜리플라워 스파게티 92
쿠키 반죽 재료 208
크렘 캐러멜(creme caramel) 220
크루통 172
크림 브리오슈 214
클래식 마요네즈 38, 40
키타라 스파게티 94
키타라 카치오 94

타라곤 가지 26
타르타르 소스 40
타르트 타텡(Tarte Tatin) 244
토마토 아그로돌체 소스 190
토마토 콩카세 87
토마토 콩피 재료 176
토마토 퓌레 60
토쩨티 218

파 육수 120
파 육수 리소토 122
파르미지아노 20
파스타 알라 노르마(Pasta alla Norma) 84
파스타 커팅 롤러 71
파시토 소스 218
파시토 와인(vino passito) 218
파케로 80
파타타 리피에나 44
파트 브리제(pate brisee) 244
판젤라틴 204
판체타 햄 44

팔로테 42
팡드미 42, 184
페코리노 로마노 치즈 46, 88
페코리노 치즈 42
펜넬 씨앗 분말 28
폴페타 46
폴페테 192
퓌레 재료 174
프로볼라 훈제 치즈 82
프로슈토 20
프리지텔로 고추 182
플랜(flan) 43
플럼케이크 238
피아디나 30
피치(pici) 74
핀치 107

햄버거 184
햄버거빵 24, 184
허넙치 160
호박 육수 118, 120
홍새우 164
훈제 부팔라 모차렐라 64

대표 저자 전민우

태권도 품새 트레이닝의 교과서

태권도 품새 트레이닝의 교과서

초판 1쇄 발행 / 2019년 10월 28일
재판 1쇄 인쇄 / 2020년 6월 15일

지은이 : 전민우
공동저자 : 김무성, 백형진, 전은총, 김채린, 정현철, 정지운, 최동훈
모   델 : 강유진, 지호용, 이재희, 최지은, 강민서, 강완진, 김지수, 이소영, 최동아, 장재욱
표지디자인 : 김현수
감   수 : 백형진, 김보성
인쇄 · 편집 : 금강기획인쇄(02-2266-6750)

발행처 : 예방의학사
주   소 : 경기도 남양주시 미금로 24, 801동 304호
문의처 : 010-4439-3169
이메일 : prehabex@naver.com

※ 저자와의 협의에 의해 인지를 생략합니다.
※ 이 책은 저작권법에 의해 보호를 받는 저작물이므로 동영상 제작 및 무단전제와 복제를 금합니다.
※ 잘못된 책은 구입하신 서점에서 교환해 드립니다.